KB175424

왕으로 만나는
위풍당당 **영국 역사**

OUSAMADE TADORU IGIRISUSHI
by Shunichi Ikegami

Copyright ⓒ 2017 by Shunichi Ikegami
Originally published 2017 by Iwanami Shoten, Publishers, Tokyo.
This Korean edition published 2018
by Dolbegae Publishers, Paju-si
by arrangement with Iwanami Shoten, Publishers, Tokyo
through Korea Copyright Center Inc., Seoul.

이 책은 (주)한국저작권센터(KCC)를 통한 저작권자와의 독점계약으로 돌베개에서 출간되었습니다.
저작권법에 의해 한국 내에서 보호를 받는 저작물이므로 무단전재와 복제를 금합니다.

왕으로 만나는 위풍당당 영국 역사

이케가미 슌이치 지음 | 김경원 옮김

2018년 10월 12일 초판 1쇄 발행

펴낸이 한철희 | **펴낸곳** 돌베개 | **등록** 1979년 8월 25일 제406-2003-000018호
주소 경기도 파주시 회동길 77-20 (문발동)
전화 (031) 955-5020 | **팩스** (031) 955-5050
홈페이지 www.dolbegae.co.kr | **전자우편** book@dolbegae.co.kr
블로그 imdol79.blog.me | **트위터** @dolbegae79 | **페이스북** /dolbegae

주간 김수한 | **책임편집** 우진영
표지 디자인 김동신 | **본문 디자인** 이은정 · 이연경
마케팅 심찬식 · 고운성 · 조원형 | **제작 · 관리** 윤국중 · 이수민 | **인쇄 · 제본** 상지사 P&B

ISBN 978-89-7199-910-3 (03920)

책값은 뒤표지에 있습니다.

이 도서의 국립중앙도서관 출판예정도서목록(CIP)은 서지정보유통지원시스템 홈페이지(http://seoji.nl.go.kr)와
국가자료공동목록시스템(http://www.nl.go.kr/kolisnet)에서 이용하실 수 있습니다.(CIP제어번호: CIP2018029061)

왕으로 만나는
위풍당당 **영국 역사**

이케가미 슌이치 지음 ● 김경원 옮김

kingdom

돌베개

차 례

대서양

셰틀랜드제도

오크니제도

스코틀랜드

헤브리디스제도

북해

에든버러
글래스고
린디스판섬(홀리 아일랜드)

벨파스트

더럼
요크
잉글랜드
맨체스터 리즈
리버풀 셰필드

더블린

아일랜드

아이리시해

노리치
버밍엄 케임브리지
웨일스 옥스퍼드 런던
브리스틀 캔터베리 도버
배스 칼레
엑서터

도버해협

루앙

노르망디
파리

0   150 km

브르타뉴

영국 국기의 변천

잉글랜드
(성 게오르기우스의 십자가)

스코틀랜드
(성 안드레아의 십자가)

초대 유니언잭(1603년 제정)

↓

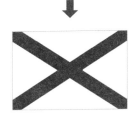

아일랜드(성 파트리치오의 십자가)

↓

현행 유니언잭(1801년 제정)

일러두기

번역자와 편집자가 덧붙인 설명은 본문 아래에 각주로 넣었다.

들어가는 말

여러분은 영국 왕실에 관심이 있나요? 아마도 텔레비전에서 본 윌리엄 왕세손과 캐서린(케이트) 세손빈, 그리고 어린 조지 왕자나 샬럿 공주의 사랑스러운 모습에서 눈을 떼지 못하는 사람도 많겠지요. 실제로 텔레비전이나 잡지 등 매스컴은 영국 왕실을 자주 취재해 대중의 시선을 사로잡으려고 합니다.

본국인 영국은 말할 것도 없고, 옛 대영제국이나 오늘날 영국연방을 구성하는 국가의 사람들이 영국 왕실에 관심이 많은 것은 이해할 만합니다. 그런데 지리적으로나 역사적으로 거리가 먼 나라들까지 이토록 주목하고 사랑하는 왕족이 또 있을까요? 화려하고 기품이 있으면서도 유머와 애교가 넘치기 때문에 사랑받는 것이 당연하다고 할 수도 있겠지만, 그렇다고 해도 유난스럽습니다.

전 세계 많은 사람들이 영국 왕실에 경의가 담긴 애정과 호기심을 보이는 까닭은 무엇보다 영국 왕실이 국민에게 모범을 보이고 있기 때문이라고 생각합니다. 그리고 영국 국민은 사랑스러운 왕자와 공주 등 왕손들 이상으로 왕을 사랑합니다. 이를테면 2012년 6월 3일 엘리자베스 2세의 즉위 60주년을 축하하는 '다이아몬드 주빌리' 템스강 수상 퍼레이드에서 그런 모습이 보였습니다. 억수처럼 퍼붓는 비에도 아랑곳없이 우산을 들고 장화를 신은 수십만 시민이 700여 척의 배를 띄워 놓고 기념식을 거행하는 템스강을 향해 열의에 찬 모습으로 철벅철벅 걸어갔던 것입니다.

오늘날 영국에서 입헌군주제를 벗어나 공화제로 가자고 주장하는 사람은 20퍼센트 정도로, 여전히 대다수 영국인은 왕실을 지키고 싶어 하는 듯합니다. 여기에는 엘리자베스 2세의 노력도 크게 작용합니다. 수상이나 정부에 비해 실수가 적은 여왕에게 여론은 진심으로 적대감을 드러내지 않습니다.

물론 왕이 항상 이런 인기를 누린 것은 아닙니다. 엘리자베스 2세 재위 중에만 해도 몇 번인가 위기가 있었지요. 최대 위기는 1997년 서민들이 좋아하던 다이애나 왕태자비가 불의의 교통사고로 세상을 떠난 일이었습니다. 그녀의 죽음에 대한 여왕과 왕실의 차가운 태도에 국민의 분노가 폭발했던 것입니다.

여왕은 곧바로 잘못을 인정했으며, 대국민 연설을 통해 다이애나 비는 성품이 착하고 왕자들에게 헌신적이었다고 칭찬했습니다. 또 그녀를 만나 본 사람이나 만나지 않은 사람이나 그녀의 모습을 결코 잊지 못할 것이라고 말했습니다. 이 연설과 왕실의 노력 덕분에 엘리자베스 2세뿐만 아니라 비난의 표적이었던 찰스 왕태자도 인기를 회복했고, 점점 더 '국민에게 다가가는 왕실'이 되었습니다.

유럽의 왕실은 20세기에 들어와 차츰 폐지되거나 형식적인 것이 되었습니다만, 영국 왕실은 지금도 튼실한 존재감을 자랑하고 있습니다. 왜 그럴까요? 그 이유는 1,000년 하고도 몇백 년이 넘는 '역사'를 살펴보아야 비로소 드러날 것입니다. 변하지 않는 전통과 변화하는 적응력 양쪽이 열쇠를 쥐고 있습니다.

영국 왕실이나 영국이라는 나라를 일본인이 특히 친근하게 느끼는 까닭은 무엇보다 일본 황실과 영국 왕실이 오랫동안 친밀한 관계를 맺어 왔기 때문일 것입니다. 메이지 시대(1867~1912) 이후, 특히 영일동맹(1902)을 맺은 이래 두 나라의 왕실과 황실은 매우 가까워졌습니다. 서로 방문하거나 의례에 참석하는 것은 물론이고 일본 황족이 영국으로 유학을 가는 일도 많지요.

또한 일본과 영국이 가깝게 느끼는 데는 '작은 섬나라이면서도 세계를 이끄는 선진국'이라는 자부심을 공유하고 있고, 또 일본이 영국을 가장 큰 본보기로 삼았다는 점도 중요하게 작용합니다. 에도 시대(1603~1867)에서 메이지 시대로 들어오면서 일본 정부가 기를 쓰고 근대화를 진척시키려 할 때, 정치 및 교육 체제의 모범으로 삼은 것이 바로 영국이었던 것입니다.

메이지 시대의 지식인들은 양원제 의회정치, 입헌정치 같은 정치체제를 일본에서 실현하기 위해 영국 의회를 시찰하거나 전문적인 문헌을 참고하고 관련 지식을 널리 퍼뜨릴 만한 책을 썼습니다. 경제적인 측면에서 사회적 인프라, 즉 철도나 지하철 정비 등도 영국을 본받았습니다. '고용 외국인'(오야토이 가이코쿠진お雇い外国人)이라고 해서 근대적 지식과 기술을 직접 전수해 줄 지식인들을 다양한 나라에서 불러들였는데, 영국인이 압도적으로 많았습니다.

뜻있는 젊은이들은 유럽인이 일본으로 오기만을 기다리지 않고, 새로운 지식을 얻기 위해 세계 여러 나라, 특히 영국 각지(옥스퍼드, 케임브리지, 글래스고 등)로 유학을 떠났습니다. 요컨대 메이지 이후 일본이 추구한 부국강병에 가장 다대한 영향력을 미친 영국은 산업, 교육, 군사의 모범이 되었습니다.

이 책에서는 고대 말부터 오늘날에 이르기까지 주요한 왕들의 행적을 중심으로, 다른 나라의 모범이 되기도 한 영국의 정치와 국가 체제, 사회 구조, 그리고 서민의 생활 문화 등을 살펴보고자 합니다.

그런데 '영국의 왕실'에 대해 언제부터 이야기하면 좋을까요? 프랑스 노르망디 지방을 다스리던 기욤이 1066년에 이른바 '노르만 정복'으로 잉글랜드 왕 윌리엄 1세에 즉위해 강력한 왕권을 확보한 것이 상당히 인상적이기는 합니다. 그러나 현재 왕실의 '혈통'은 그보다 수백 년 앞선 웨섹스 왕가를 잇고 있다는 설도 있고, 사회나 정치 구조를 생각하면 이른바 앵글로색슨 시대와 그 왕들의 행적을 다루지 않을 수 없습니다. 따라서 1장에서는 노르만 정복 이전의 앵글로색슨 시대에 대해서도 이야기하겠습니다.

또 하나 주의할 것은 '영국'이라는 말이 애매모호하다는 점입니다. 현재 영국의 정식 명칭은 '그레이트브리튼및북아일랜드연합왕국'The United Kingdom of Great Britain and Northern Ireland입니다. 잉글랜드, 웨일스, 스코틀랜드, 북아일랜드 등 역사적으로나 민족적으로 성립 과정이 다른 네 '나라'로 이루어진 것입니다. 더구나 웨일스, 스코틀랜드, (북)아일랜드가 잉글랜드와 합병한 시기와 방식도 각각 크게 다르고 국왕과의 관계도 다르기 때문에 실로 복잡하기 이를 데 없습니다. 이 책에서는 영국 인구의 84퍼센트를 차지하는 '다수파' 잉글랜드를 중심으로 역사를 살펴보겠지만, 영국과 하나가 되기까지 겪은 고난과 노력의 측면에서 다른 세 지역의 개별성도 이야기하려고 합니다.

영국의 복잡한 역사 가운데 비교적 '순조롭게' 발전한 것처럼 보이는 것이 정치제도입니다. 입헌군주제라는 지극히 안정적인 정치체제가 어떻게 형성되어 제도적으로 발전해 갔는지 해명하는 일은 세계사적 관점에서도 매우 중요합니다. 왜냐하면 영국은 세계적으로 의회제 민주주의의 아버지라 할 만큼 근대적인 정치 양상을 일찍이 실현했지만, 얼핏 민주주의와 어울리지 않는 왕정 제도를 지속해 오며 오늘날에도 국왕을 군주로 섬기는 왕국이기 때문입니다. 이러한 헌정 구조에 왕들이 어떻게 관여했는지를 소상하게 밝히는 것이 이 책의 목표입니다.

또 다른 목표는 일반 영국인들의 생활과 정서가 역사적으로 어떻게 만들어졌는지 들여다보는 것입니다. 왕과 서민은 동떨어진 존재로 보이고 실제로 그런 측면도 적지 않지만, 왕의 역사를 살피는 일은 무엇보다도 영국 국민의 역사를 살피는 일이기도 합니다.

전통적으로 귀족제 사회이자 계급사회인 영국에는 민주적인 세상이 된 오늘날에도 신분제도의 잔재가 감각적으로 줄곧 남아 있습니다. 말할 것도 없이 왕실은 옛날이나 지금이나 귀족계급의 꼭대기에 있으면서 그들의 이해관계나 활동을 대표하며 모범을 보이고 있습니다.

영국의 국민성을 생각해 보면, 이러한 계급적 격차가 존재함에도 지도층으로서 나라를 이끌어 가는 왕과 왕의 주변인들에게 서민적인 성향이 무척 강하게 나타난다는 사실이 흥미롭습니다. 아니, 오히려 그들이 보이는 태도나 성향이 본보기가 되어 서민층으로 널리 퍼지는 경우가 무척 많습니다.

나아가 왕은 항상 서민의 동향이나 떠도는 소문에 민감했습니다. 특히 근대에 들어와 매스컴이 발달하고 여론이 정치에 결정적 역할을 하면서 왕은 멀리 있는 신비한 존재가 아니라 착실하고 가정적인 모습으로 서민 앞에 나타났습니다. 어떻게 보면 왕실 자체가 점점 더 서민에 가까워지려고 노력하는 듯합니다. 왕실은 희화적일 만큼 서민의 습속이나 성향을 대표하기에 이르렀습니다.

이 책에서는 왕을 중심으로 영국의 정치사나 제도사의 흐름을 좇을 뿐 아니라, 이탈리아, 프랑스, 독일로 이어지는 전작의 흐름에 따라 영국인을 대표하는 왕들을 통해 영국 역사를 일관되게 관통하는 문화와 심성의 특징을 규명해 보고자 합니다.

1장

난립하는 왕국

앵글로색슨 시대부터 에드워드 참회왕까지
〔400년경~1066년〕

kingdom

브리타니아의 지배자

우선 앵글로색슨 시대부터 살펴보겠습니다. 이 시대에도 잉글랜드 각지에 왕국이 흩어져 있었습니다. 영국의 언어·문화·사회·종교·정치 등을 생각할 때 초기 중세 시대는 매우 중요합니다.

　브리튼제도(영국제도)에는 태곳적부터 사람이 살고 있었습니다. 이들이 기원전 2200년경~1900년경에 비커Beaker인이라고 불리는 전사들과 더불어 거석 기념물(스톤헨지 등)을 남긴 것으로 알려져 있습니다. 청동기 시대 막바지인 기원전 7세기가 되면 대륙에서 켈트인이 건너옵니다. 이 시대에 브리튼제도로 건너온 고대 켈트인을 '브리튼인'이라고 부릅니다. 그 무렵 브리튼인은 30여 개 부족으로 나뉘어 있었습니다.

　철기 시대에는 전쟁이 빈발했기 때문에 언덕 위에 요새를 지었습니다. 주민 대부분이 농민이었지만, 아름다운 공예품을 만드는 솜씨 좋은 장인도 있었습니다.

　기원전 55년과 54년에는 갈리아 총독이었던 카이사르Caesar가 로마군을 이끌고 브리타니아(그레이트브리튼)로 쳐들어왔습니다. 그는 골족(갈리아에 살던 켈트인)의 저항을 도왔다는 이유로 브리튼인을 공격했습니다. 그러다가 갈리아에서 일어난 반란을 제압하기 위해 속주屬州로 떠나면서 브리튼인들에게 매년 로마에 공물을 바치라고 명했습니다.

그러다 서기 43년 클라우디우스 1세Claudius I 때 로마군은 또다시 남동 잉글랜드에 상륙해 각지에서 우세한 전투를 벌였습니다. 결국 로마군은 브리튼인을 제압하고 험버강에서부터 세번강 하구까지 손에 넣었습니다. 로마는 런던, 요크, 배스, 엑서터, 링컨, 레스터, 글로스터, 맨체스터 등 현재도 남아 있는 도시의 기초를 마련했습니다. 또한 도로를 건설하고 법률을 도입했습니다. 영국사에 남아 있는 로마의 유산은 상당하다고 말할 수 있습니다.

하드리아누스Hadrianus 황제는 122년부터 로마가 지배하는 곳과 지배하지 않는 곳의 경계, 즉 현재 스코틀랜드와 잉글랜드 사이에 방벽을 쌓았습니다. 그러나 3세기 중반에 위기가 찾아오자 로마는 브리타니아 통치에 소홀해졌습니다. 4세기 후반에 스코틀랜드에서는 픽트족Picts과 스코트족Scots이 남진했고 대륙에서는 색슨족이 들어왔습니다. 410년, 새로이 군대를 파견할 여유가 없던 서로마 황제 호노리우스Honorius는 브리타니아에서 로마군을 철수하고 도시들에 자주 방어를 명령했습니다. 이로써 로마의 브리타니아 지배는 사실상 막을 내렸습니다.

무정부 상태가 되자 여러 부족으로 나뉘어 있던 브리튼인끼리 싸우기 시작합니다. 그들은 각각 북방의 게르만족에게 도움을 청했는데, 그 결과 5~6세기에 현재의 독일, 남덴마크 등에서 게르만족의 일파인 앵글족, 색슨족, 주트족 등이 들어왔습니다.

내전이 끝나고도 게르만족은 떠나지 않고 멋대로 지배권을 휘둘 렀습니다. 그들은 브리튼인을 웨일스나 콘월로 쫓아내고 자신들의 왕국을 세웠습니다. 주트족이 세운 켄트Cantaware왕국, 색슨족이 세운 에식스Eastseaxna · 서식스Suþseaxna · 웨섹스Westseaxna왕국, 그 리고 더 북쪽으로는 앵글족이 세운 이스트앵글리아Eastengla · 머시 아Miercna · 노섬브리아Norþhymbra왕국이 들어섰습니다. 이른바 이 '칠왕국'Heptarchy(20쪽 그림)이 5세기 말부터 9세기 중반까지 브리 타니아를 지배했습니다. 또 방벽 북쪽으로는 아일랜드에서 스코트 족이 건너가 왕국을 세웠습니다.

칠왕국 시대

칠왕국 가운데 켄트왕국이 5세기 중반에 가장 일찍 성립했습니다. 이 나라는 웨섹스나 에식스 등과 싸워 승리하고, 특히 애설버트 Æthelberht 왕(재위 589?~616) 시대에 다른 나라에 대한 지배를 확대 해 나갔습니다. 켄트왕국이 번영한 까닭은 경제적인 여건이 유리한 지역에 거점을 두고 로마 시대에 닦은 토대를 이어받을 수 있었기 때문이라고 생각합니다. 애설버트 왕은 기독교로 개종하고 최초로 법전도 만들었습니다.

6세기 중반에 일부 앵글족은 브리튼인의 토지를 빼앗아 요크를 중심으로 자리를 잡고 데이라왕국을 건설했습니다. 동잉글랜드는 6세기 말까지 앵글족과 색슨족이 지배했는데, 잉글랜드의 가장 동

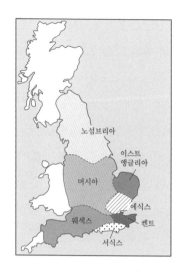

- 8세기 무렵의 칠왕국

쪽에 생긴 나라가 이스트앵글리아입니다. 초기 왕 가운데 **래드월드**Rædwald(재위 599~624)가 중요합니다. 7세기 초엽 래드월드 왕과 데이라 왕자 에드윈Edwin이 이끄는 연합군이 베르니시아왕국(데이라왕국의 북쪽에 앵글족이 세운 왕국으로 현재 더럼주에서 스코틀랜드 포스강까지 이르는 지역)의 애설프리스Æthelfrith 왕과 전투를 벌였습니다. 이 전투에서 이스트앵글리아와 데이라 연합군이 승리했고, 망명 중이던 에드윈은 다행스럽게도 데이라로 돌아갈 수 있었습니다.

래드월드는 데이라와 베르니시아를 통합한 노섬브리아왕국의 왕으로 에드윈을 세우고, 자신은 브레트월다Bretwalda, 즉 앵글로색슨 왕국 전체의 맹주가 되었습니다. 그의 사후에는 에드윈에게 패권이 넘어갔습니다. 에드윈은 625년에 켄트와 동맹을 맺는 동시에 머시아를 통해 남하해 웨섹스를 굴복시키고, 지배 영역을 넓혀 패왕霸王이 되었습니다.

그 무렵 웨섹스와 붙어 있던 머시아왕국은 펜다Penda 왕의 통치 아래 힘을 키워 갔습니다. 이 왕국은 이스트앵글리아를 압도했을 뿐 아니라 633년에는 해트필드 체이스Hatfield Chace(지금의 사우스요크셔 지방)에서 노섬브리아와 맞붙어 대승을 거두었습니다. 이 싸움에서 에드윈은 전사하고 말았습니다. 패배한 노섬브리아는 그 후 몇 차례 찾아온 분열 위기를 극복하고 부활했습니다. 오스위Oswiu 왕(재위 642~670)이 머시아 왕 펜다를 무찌르고 칠왕국의 지배자가 됨으로써 노섬브리아는 7세기 말부터 8세기 전반까지 전성기를 맞이했습니다.

그런데 그 무렵부터 다시 머시아왕국이 대두합니다. 애설볼드 Æthelbald 왕(재위 716~757)은 교회와 주민에 세금을 철저히 걷어 국력을 강화했습니다. 그가 암살당하면서 내란 상태에 빠진 왕국을 오파Offa(재위 757~796) 왕이 이어받았습니다. 위대한 왕으로 알려진 그는 주변의 작은 왕국뿐 아니라 에식스까지 흡수하고 켄트, 서식스, 이스트앵글리아 등도 제압해 영토를 확대함으로써 험버강 이남 지역을 전부 장악했습니다. 또 오파 왕 이후로 왕은 단순히 전사단戰士團의 수장이 아니라 본격적인 통치자로 자리매김했습니다. 그러나 796년 오파 왕이 세상을 떠나고, 에그버트Ecgberht(재위 802~839)가 웨섹스 왕이 되자, 머시아왕국은 쇠퇴하는 기미를 보였습니다. 북쪽의 강국 노섬브리아도 에그버트 왕이 브레트월다라는 것을 인정할 수밖에 없었습니다.

이리하여 '칠왕국' 시대에는 교대로 패권을 주고받으며 어느 왕국도 잉글랜드 전체를 지배할 수는 없었습니다. 각국은 물론 왕정 국가였지만, 실제 정치 방침은 지방 호족들로 구성된 위테나예모트 witenaġemōt(지혜로운 자들의 모임)라는 일종의 평의회에서 결정했습니다. 위테나예모트가 영국 의회의 직접적인 시초는 아니지만, 이론적으로는 모든 자유민이 이 평의회에 출석할 권리를 가졌습니다(사실상은 귀족 회의). 그리고 형식적으로는 국왕의 선임이나 폐위를 실행하고, 입법·사법·외교 문제를 협의하며, 주교나 셰리프 sheriff(주州 장관)를 임명할 권한도 가지고 있었습니다.

영어가 앵글로색슨 시대에서 기원한다는 점도 중요합니다. 영어는 11세기 노르만 정복 이후 프랑스어의 영향을 강하게 받으면서 성립했는데, 그 토대는 앵글로색슨어입니다. 8~9세기에 지은 것으로 추정되는 영웅 서사시 『베오울프』Beowulf는 10세기 말 고대 영어로 쓰인 필사본이 남아 있습니다.

바이킹 침공과 알프레드 대왕

스칸디나비아반도에서는 데인인(덴마크계 바이킹)이 몇 번이나 브리튼제도로 쳐들어왔습니다. 그들은 789년에 처음으로 배 세 척을 끌고 도싯 해안으로 들어왔습니다. 그 후 해마다 20~30척쯤 되는 배에 병사들을 싣고 침략해 왔습니다. 851년에는 배 350여 척에 병사를 가득 싣고 왔으며, 865년에는 엄청난 대군을 이끌고 쳐들어왔습니다. 머시아군이 선두에 서서 분투하며 막아 보려 애썼지만, 노섬브리아와 이스트앵글리아 군대까지 차례로 무너져 버렸습니다.

데인인들은 단순한 침략에서 정복으로 방침을 바꾸었습니다. 노섬브리아와 머시아 일부와 이스트앵글리아를 정복한 그들은 웨섹스로 향했습니다. 이 일에 단호하게 대처한 것이 웨섹스의 위대한 알프레드Alfred 대왕(재위 871~899)입니다.

알프레드 대왕은 선왕이었던 세 명의 형을 뒤이어 22세의 젊은 나이로 왕위에 올랐습니다. 그는 전쟁이 불리하게 돌아가는 듯하면 데인인과 거래해 배상금을 지불하고 웨섹스에서 물러나게 했습니다. 그리고 데인인이 다른 나라를 파괴하며 휩쓸고 다니는 동안 황폐해진 왕국을 재건하는 데 온 힘을 기울였습니다. 878년 에탄던(에딩턴) 전투에서 데인인을 물리친 그는 이후 구스럼Guthrum 왕과 협정을 맺어 런던에서 체스터에 이르는 워틀링 가도Watling Street의 북쪽을 데인인에게 넘겨주고 그 이남 지역을 지배했습니다. 그렇게 해서 데인인 통치 거주 구역인 데인로Danelaw(노섬브리아 남부, 이스트앵글리아, 머시아 동부 중심)가 형성되었습니다. 이러한 가운데 알프레드 대왕은 893년에 노섬브리아를 굴복시켜 명목상 잉글랜드 전체의 왕이 되었습니다.

그는 왕국 방어를 위해 함대를 건설했으며 다른 한편으로 '알프레드 법전'을 편찬하고 교육과 교회 개혁을 위해서도 노력했습니다. 또 문화를 부흥하기 위해서 국내외 우수 학자를 초빙해 궁정 학교를 세우거나 중요한 라틴어 저작물을 영어로 번역하기도 했습니다. 이렇듯 알프레드 대왕은 잉글랜드의 법제 및 행정 기구 그리고 교회 제도를 최초로 정비하고, 장차 통일 잉글랜드의 기초를 다진 인물입니다.

그가 세상을 뜨자, 아들 에드워드 선대왕Edward the Elder(재위 899~924)이 왕위를 계승했습니다. 그의 아들 애설스탠Æthelstan(재위 924~927: 웨식스, 927~939: 잉글랜드)이 데인로 지방 대부분을 탈환했고, 그 후 애설스탠의 조카인 에드거 평화왕Edgar the Peaceful(재위 959~975)이 등장해 실질적으로 통일 잉글랜드가 성립해 갑니다. 애설스탠이 '잉글랜드 왕'을 자칭한 것도 상징적입니다.

애설스탠은 잉글랜드의 지방 통치 체제를 발전시켰습니다. 조부 알프레드가 도입한 샤이어shire(주州) 제도를 법적·행정적 목적에서 100가구 단위인 헌드레드hundred로 세분했고, 그 아래 지역마다 10인(가구) 1조로 치안을 유지하는 타이딩tithing을 두었습니다. 셰리프는 국왕 대리로 주 행정을 책임지고 있었지만 당초부터 중앙의 감독은 매우 느슨했습니다.

크누트의 북해제국

그러나 데인인(덴마크)과의 갈등은 끝나지 않았습니다. 바이킹의 침략을 데인겔드*로 막아 보려다 실패한 애설레드 2세Æthelred II(재위 978~1016)는 1002년 데인로에 거주하는 모든 데인인을 학살하도

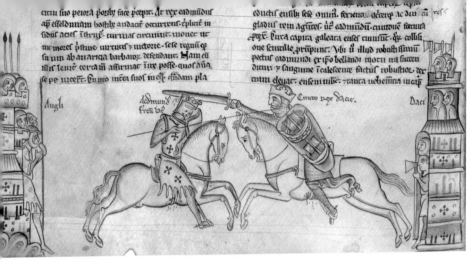

- 크누트(오른쪽)와 에드먼드, 애싱던 전투(Battle of Assandun, 1016)

록 명했습니다(성 브리스 축일 대학살). 이에 머리끝까지 분노한 덴마크의 스벤 1세Svend I(재위 985~1014)는 적의를 드러내면서 1013년까지 재차 잉글랜드를 침공했습니다. 스벤 왕의 전과가 워낙 혁혁했기에 '형편없는 조언자'unræd라는 별명이 붙은 애설레드 2세는 배상금으로 거액의 은화를 지불해야만 했습니다. 그런데 1014년에 스벤 왕이 갑자기 세상을 뜹니다.

1015년에는 스벤의 아들 크누트Cnut(재위 1016~1035: 잉글랜드 왕, 덴마크와 노르웨이 왕이자 슐레스비히와 포메라니아의 상급 영주)가 처내려와 노섬브리아를 장악하고 애설레드 2세의 아들인 에드먼드 용맹왕 Edmund Ironside(재위 1016)과 싸웠습니다. 그러자 백성들도 크누트 파와 에드먼드파로 나뉘었습니다.

* 　중세 초기 영국을 침략한 데인인 바이킹들에게 공물을 바치기 위해 부과한 일종의 국방세.

두 사람은 치열한 싸움 끝에 평화 협정을 맺고, 크누트가 북부와 중부를, 에드먼드가 남부를 다스리기로 했습니다. 그러나 1016년에 에드먼드가 사망하자 크누트가 잉글랜드 전체의 지배자가 되었습니다. 잉글랜드는 북해제국*의 영토로 편입되었고, 크누트가 선정을 베푼 덕분에 잉글랜드 전체는 번영을 누렸습니다.

크누트 사후에는 두 아들 간에 계승 문제로 다툼이 일어났고, 이들을 거쳐 위테나예모트가 추대한 색슨족 에드워드 참회왕Edward the Confessor(재위 1042~1066)이 잉글랜드를 다스렸습니다. 이 시기에는 상업도 번영했습니다. 에드워드 참회왕의 아버지는 앵글로색슨 왕조의 애설레드 2세, 어머니는 프랑스 북서부를 지배하는 노르망디 공 리샤르 1세의 딸 에마입니다. 왕은 노르망디 공 기욤 2세(잉글랜드 왕으로는 윌리엄 1세)를 후계자로 지명했다고 합니다.

그런데 에드워드 참회왕 사후에 강력한 웨섹스 백작 해럴드 고드윈슨Harold Godwinson이 위테나예모트의 동의를 얻어 왕관을 쓴 것이 나중에 '노르만 정복'의 원인이 됩니다.

스코틀랜드의 알바왕국

알프레드 대왕조차도 손대지 못했던 스코틀랜드는 초기 중세에 어떤 상황에 놓여 있었을까요?

---

* 1016년에 크누트 대왕이 잉글랜드, 덴마크, 노르웨이, 스웨덴 일부를 장악해 1035년까지 지배한 통일 국가.

스코틀랜드인의 선조는 둘입니다. 하나는 4~5세기에 은을 구하기 위해 아일랜드에서 이주해 온 켈트인(스코트족)입니다. 그들과 함께 기독교가 들어왔습니다. 그때 스코틀랜드 서해안에서 동쪽으로 밀려난 픽트족도 스코틀랜드인의 선조입니다. 스코틀랜드 동부에 픽트족이 세운 나라가 알바Alba왕국이라고 알려져 있습니다.

바이킹의 시대가 시작된 790년대에 스코틀랜드에도 바이킹(노르만족)이 쳐들어왔습니다. 그 후 스코틀랜드에는 노르웨이 왕을 맹주로 섬기는 백작의 영지가 생겨났습니다. 9세기가 되면 스코틀랜드 서부에 위치한 달리아타Dál Riata왕국의 키나드 막 알핀Cináed mac Ailpín(케네스 1세, 재위 843~858)이 동쪽의 알바왕국을 병합해 정치적 통일을 이룹니다. 뿐만 아니라 왕국은 880년쯤부터 10세기 말까지 남쪽으로 확장해 갔습니다.

11세기 초 스트래스클라이드Strathclyde라는 브리튼인의 왕국을 물려받은 돈카드 막 크리난Donnchad mac Crinain(덩컨 1세, 재위 1034~1040)은 외조부 말 콜룸 막 키나다Máel Coluim mac Cináeda(맬컴 2세)가 사망하자 스코트족, 픽트족, 앵글족을 통합한 스코틀랜드 연합왕국, 즉 현재의 스코틀랜드와 거의 비슷한 영역을 손에 넣었습니다.

그러나 그는 1039년 잉글랜드 북부의 더럼 침공에 실패했고, 이듬해 사촌동생 막 베하드 막 핀들라크Mac Bethad mac Findlaích(맥베스)의 심복에게 살해당했습니다. 셰익스피어의 희곡『맥베스』에는 덩컨 왕이 잠든 채로 맥베스의 단검에 찔려 죽었다고 나옵니다.

앵글로색슨 시대의 기독교

영국의 정치 및 국가 제도의 역사에서 결정적인 역할을 해냈을 뿐 아니라 국왕과도 관계가 깊은 기독교 및 교회에 대해 살펴봅시다. 교회의 기원은 사실상 1장에서 다루는 앵글로색슨 시대에 있다고 할 수 있습니다.

브리튼제도에는 2세기 말 이전에 로마를 통해 기독교가 전해졌습니다. 우선 기독교는 켈트족(브리튼인)에게 전해졌고, 313년 로마가 기독교를 공인한 이후 서서히 널리 퍼져 나갔습니다. 하지만 이곳을 침공한 앵글로색슨족은 이교異敎를 믿었습니다.

6세기 말부터 '칠왕국' 시대에 로마 교황청이 앵글로색슨족의 개종에 관여했습니다. 597년 교황 그레고리우스 1세Gregorius I가 수도사 아우구스티누스Augustinus를 중심으로 로마 전도단을 꾸려 켄트왕국에 보냈습니다. 포교의 결과로 애설버트 왕과 신하 대부분이 개종했고, 이스트색슨족이자 애설버트의 조카인 에식스의 새버트 Sæberht 왕과 이스트앵글리아의 래드월드 왕도 영향을 받아 개종했습니다. 노섬브리아의 에드윈 왕과 귀족들도 627년에 세례를 받았습니다. 아우구스티누스가 캔터베리에 대주교 자리를 만들고 초대 대주교가 된 것도 중요합니다.

교황 호노리오 1세Honorius I는 웨스트색슨족도 개종시켰고, 머시아에서도 포교 활동을 계속했습니다. 680년경 서식스를 마지막으로, 7세기 말에는 칠왕국 전체가 기독교로 개종했습니다. 그러나

- 런던에 있는 웨스트민스터 대수도원(© alein, 123RF)

기독교 전파가 항상 순조롭지는 않았고 이교로 되돌아가는 경우도 있었습니다.

왕이나 귀족 외에 일반 민중을 본격적으로 전도하는 데에는 수도원의 활동이 효과적이었습니다. 성 패트릭Saint Patrick, 성 콜럼바 Saint Columba, 성 에이단Saint Aidan 등 아일랜드에서 건너온 수도사들이 활약했고, 수도원으로는 성 에이단이 지은 린디스판Lindisfarne 수도원이 가장 유명했습니다. 왕국마다 수도원이 증가하는 양상은 달랐지만, 전체적으로 7세기 후반부터 8세기에 걸쳐 꾸준히 늘었습니다.

부족적인 토양에 적합한 켈트(아일랜드계) 기독교와 로마 왕의 영향을 받아 위계가 엄격한 로마 기독교 사이의 갈등을 해결하기 위해 664년 요크셔(현재는 노스요크셔주) 휘트비에서 종교회의가 열렸습니다. 이 자리에서 승리를 거둔 것은 로마 기독교였습니다. 또 8세기 전반까지 잉글랜드에서 주교구 조직이 확립되었고, 수도원도 전국적으로 발전했습니다.

9세기에는 또다시 데인인이 침입해 기독교 문화가 붕괴했고, 10세기 말에도 데인인이 재차 침입해 타격을 입었습니다. 그렇지만 1016년 즉위한 데인인 왕 크누트가 기독교로 개종하면서 기독교화가 한꺼번에 이루어집니다. 크누트는 1002~1023년에 요크 대주교를 역임한 울프스턴Wulfstan에게서 심대한 영향을 받았습니다. 1027년에 로마를 방문한 그는 로마에 바치는 '베드로 헌금'(토지 보유자가 교황청에 바치는 연 1페니의 세금)도 제정했습니다.

에드워드 참회왕 시대에 들어서면 교회는 많은 재산을 증여받아 발전합니다. 그가 망명 시절의 순례 맹세를 대신해 웨스트민스터 대수도원(29쪽 사진 참조)을 건설하며 장차 영국 왕들의 묘소가 되기를 기원했다고 알려져 있지요. 실제로 그를 비롯해 많은 영국 왕들이 이곳에 잠들어 있습니다. 또한 웨스트민스터 대수도원에서는 오늘날까지도 역대 왕의 대관식을 거행하고 있습니다.

2장

프랑스어로 말하는 '제국'의 왕들

월리엄 1세부터 존 결지왕까지

〔1066년~1216년〕

노르만 정복

사실상 웨섹스 왕가의 마지막 잉글랜드 왕이었던 에드워드 참회왕이 1066년 1월에 사망하자, 위테나예모트는 웨섹스 백작이자 크누트와 인척 관계에 있는 해럴드 고드윈슨을 왕으로 선출했습니다. 그는 웨스트민스터 대수도원에서 대관식을 치렀습니다.

그러나 에드워드 참회왕이 후계자로 지목한 노르망디 공 기욤 2세는 해럴드를 왕으로 인정하지 않았습니다. 그는 1066년 9월에 1만 2,000여 명의 병사와 많은 군마를 700척 되는 배에 실어 잉글랜드 남동부의 항구 마을 페븐시Pevensey에 상륙합니다. 앵글로색슨 군대는 제대로 된 갑옷도 없이 창과 도끼만으로 무장한 보병 중심이었던 데 비해 노르만 군대는 기사騎士를 거느렸을 뿐 아니라 튼튼한 갑옷을 몸에 두르고 창, 검, 철퇴 같은 무기를 들고 싸웠고, 심지어 사수射手도 있었습니다.

같은 해 10월, 헤이스팅스Hastings 전투에서 해럴드가 전사하면서 노르만 군대가 승리를 거두었습니다. 위테나예모트는 마지못해 기욤 2세를 왕으로 추대했습니다. 이로써 노르만 왕조를 연 그는 윌리엄 1세 정복왕William the Conqueror(재위 1066~1087)이라는 칭호를 얻었습니다. 이것이 바로 노르만족의 잉글랜드 정복, 이른바

- 자수화 「바이외 태피스트리」 중 해럴드의 죽음을 다룬 부분

'노르만 정복'입니다.

　그러나 윌리엄 1세 치하에서도 안정은 이루어지지 않았습니다. 수하에는 몇천 명뿐인데 잉글랜드 전체의 200만 명을 통치해야 했을 뿐 아니라 '대륙에서 건너온 증오스러운 침략자'라는 이유로 색슨족의 미움을 받았기 때문입니다. 게다가 덴마크 왕까지 잉글랜드 왕위를 주장하는 상태였습니다. 북잉글랜드, 켄트, 머시아, 노섬브리아, 이스트앵글리아 등 각지에서 제후들이 반란을 일으켰고, 덴마크 왕이나 스코틀랜드 왕이 그에 편승해 원정군을 보내는 일도 있었습니다.

　윌리엄 1세는 로마 교황이나 요크 대주교, 우스터 주교, 런던 주교, 그 밖에 수도원장 등 고위 성직자들의 지지를 받고 있어 그나마 유리했습니다. 1070년경 왕은 덴마크의 스벤 2세와 협정을 맺고 반란을 되풀이하는 색슨족을 엄하게 제압해 그들의 영지를 전부 몰수했습니다.

이리하여 잉글랜드는 겨우 안정을 찾았지만, 대륙의 노르망디는 정세가 나빠졌습니다. 프랑스 왕 필리프 1세가 플랑드르 백작, 앙주 백작 등과 손을 잡고 스코틀랜드를 끌어들여 (노르망디 공작이기도 한) 윌리엄 1세에게 대항했기 때문에 왕은 더욱더 궁지에 몰렸습니다. 설상가상으로 1078년경 장남 로베르가 노르망디 및 멘Maine 지방을 차지하려고 아버지에 맞서 반란을 일으켰습니다. 왕비 마틸다의 노력으로 부자는 화해했지만, 1083년에 마틸다가 타계하면서 로베르는 또다시 모반을 일으켰습니다.

윌리엄 1세는 1087년에 노르망디 동부에 침입한 필리프 1세와 전투를 벌이다 상처를 입고 루앙 근교에서 사망했습니다. 장남 로베르는 부친의 자리맡에서 임종을 지키며 용서를 받아 노르망디를 물려받았고, 삼남 윌리엄은 잉글랜드 왕위를, 막내 헨리는 은화 5,000파운드를 받았습니다.(차남 리샤르는 사냥을 하다가 일찍이 사고로 목숨을 잃었습니다.)

윌리엄 1세의 업적으로는 다음에 이야기할 『둠즈데이 북』*Domesday Book*(일종의 토지 대장) 작성과 집약적인 봉건제 수립을 꼽을 수 있습니다. 헌정憲政이라는 측면에 주목해 보면, 앵글로색슨 시대의 위테나예모트를 계승해 직속 봉신封臣들(노르망디의 귀족 및 성직자)로 구성한 릴본 평의회를 승인하고, 선거로 왕을 뽑는 전통을 세웠다는 것이 중요합니다. 윌리엄 1세는 '에드워드 참회왕 법'*Leges Edwardi*

Confessoris*을 준수하기로 맹세하는 대신 신민의 충성을 요구했던 것입니다. 물론 왕과 궁정 고관들의 모임인 쿠리아 레기스Curia Regis**만이 집행 기능을 독점하고 있었지만 말입니다.

또 하나 기억해야 할 것은 노르만 왕조가 지배할 당시 잉글랜드가 도버해협을 끼고 있던 대륙(프랑스)에도 영토를 갖고 있었다는 사실입니다. 노르만 왕조의 잉글랜드 왕들은 이미 프랑스에 땅을 소유한 상황에서 브르타뉴, 아키텐 등 서프랑스 일대로 영토를 확장해 나가고자 했습니다.

나아가 노르만 정복 이후 영국의 정계와 상류사회에서는 프랑스어가 공용어로 쓰였습니다. 이러한 상황은 1362년까지 이어졌습니다. 민중의 언어로 쓰이던 영어(앵글로색슨어와 노르웨이 여러 언어의 혼합)는 프랑스어 및 라틴어와 혼재하면서 서서히 근대 영어가 되어 갔습니다.

---

* 　이것이 실제로 기록된 시기는 에드워드 참회왕 시대보다 한 세기 정도 뒤인 1130년대(헨리 1세 시대)로 추정된다. 윌리엄 1세 정복왕의 통치를 정당화하고 노르만 왕조의 폭력적 기원을 감추면서 그들의 제도를 앵글로색슨 왕조의 유산으로 재구성하려는 목적에서 쓰였다. 1070년에 윌리엄 1세가 말한 법률과 관습 들을 "그들의 법을 준수하는 현명한 잉글랜드 귀족"이 기록했다고 한다. 에드워드 참회왕의 잉글랜드 법을 따르라는 신민의 요구에 윌리엄 1세가 굴복했다는 주장도 있다.

** 　라틴어로 '왕실 회의'라는 뜻의 국왕 자문기관. 13세기 무렵 두 가지 형태로 분화되어 하나는 대회의(Magnum Concilium)와 의회(Parliament)로 발전했고 다른 하나는 추밀원(Privy Council)과 법원 등으로 발전했다.

집권적 봉건제

영국의 집권적 봉건제는 어떻게 시작되었을까요? 노르만 왕조를 연 윌리엄 1세 정복왕의 지위는 처음부터 안정적이지 않았습니다. 각지에서 제후들이 반란을 일으켜 고생이 자심했다는 것은 앞에서도 말했지요. 내란을 진정시킨 그는 프랑스 왕이나 대륙에 할거하는 제후를 상대로 노르망디를 둘러싸고 벌이는 전투에 매진했을 뿐 아니라 국내의 통일과 안정을 위해 제도를 갖추는 일에도 힘썼습니다. 그것은 쿠리아 레기스를 중심으로 통치 기관을 정비하는 일인 동시에 대륙에서 들여온 집권적인 봉건제를 정착시키는 것이기도 했습니다.

윌리엄 1세는 반란에 실패한 거의 모든 색슨족 귀족으로부터 토지를 거두어들여 광대한 왕령王領(전체 영토의 5분의 1)을 확보했습니다. 그리고 친족이나 심복인 대귀족 열 명에게 변경邊境의 넓은 토지를 주고 성을 쌓게 함으로써 외부의 침략에 대비시켰습니다. 나머지 토지는 180명가량의 노르만 귀족에게 나누어 주고, 그 대가로 전쟁에 나갈 의무와 국왕의 기사단에 군역을 바칠 의무를 부과했습니다.

이렇게 상호적인 주종 관계를 바탕에 둔 통치 제도가 바로 '봉건제'입니다. 가신이 된 자들은 왕의 요청에 따라 평시에는 40일, 전시에는 60일씩 영지 5하이드hide(세금이나 공물을 거두는 단위로, 자유농민 한 가구가 기본 생계를 유지할 수 있는 경작지의 표준 규격)당 기사 1인의 군역을 바쳤습니다. 기사는 모두 합쳐 5,000명에 달했습니다. 왕은 모든 봉건귀족을 가신으로 삼아 직접 충성을 맹세하게 함으로써(이를 직속 봉신이라고 하고, 그중 유력자를 배런baron이라고 합니다.) 반란과 분열을 막을 수 있었습니다.

이리하여 잉글랜드는 봉건적인 분열 때문에 번민하던 프랑스와 독일에서는 도저히 흉내도 낼 수 없는 강력한 왕정을 한꺼번에 실현했습니다. 왕은 일부러 이곳저곳에 흩어져 있는 봉토를 귀족에게 하사함으로써 귀족들끼리 결속해 왕에게 맞서는 일이 없도록 예방하는 정책도 취했습니다.

영주는 왕으로부터 국왕의 특권을 일부 넘겨받아 영지 내의 재판, 행정, 군사 업무를 분담했습니다. 다만, 봉건 영주끼리 분쟁이 일어나면 상급 법정인 샤이어(주) 법정 또는 국왕 법정에서 시비를 따졌기 때문에 우월한 왕의 위상은 흔들리지 않았습니다.

둠즈데이북

윌리엄 1세는 1085년 크리스마스에 글로스터에서 회의를 열어 잉글랜드 전체 귀족의 영지 실태와 재정을 파악하기로 했습니다. 이를 위해 중앙에서 조사위원을 파견해 전국적인 토지 조사를 실시했습니다. 그 결과가 바로 저 유명한 『둠즈데이북』입니다. 징세에 이용하려는 목적으로 시작한 것이었지만, 그와 동시에 집권적 봉건제의 사회·경제적 기반, 다시 말해 전국에 흩어져 있는 봉건 제후와

- 『둠즈데이북』 사본

가신의 자산을 파악해 두려는 의도도 담겨 있었습니다.

『둠즈데이북』에는 영지와 가옥 및 부지에 관해 5,000건이 넘게 기재되어 있습니다. 또한 놀랍게도 토지에 들어선 건물 수, 수로水路 현황, 가축 수, 나아가 가족 구성까지 적혀 있습니다. 이것은 실로 유럽 전체에서도 선구적인 시도였습니다.

노르만 왕조에서부터 플랜태저넷Plantagenet 왕조에 걸쳐 국왕은 재판권을 통해 지방의 귀족들을 장악하고 전제에 가까운 권력을 손에 쥐었습니다. 다시 말해 신뢰할 수 있는 자를 승진시켜 자신의 권위를 높이거나, 제후들의 조언을 군이 듣지 않거나, 지방 법정의 재판 결과를 뒤집어엎거나, 순회 재판관이 멋대로 셰리프(주 장관)를 임명하고 해임하는 등 제후와 귀족을 쥐고 흔들어 댔습니다.

윌리엄 1세가 세상을 뜨자 아들 **윌리엄 2세 루푸스**William II Rufus(재위 1087~1100, rufus는 라틴어로 '붉다'는 뜻으로, 얼굴이 붉어서 혹은 어릴 때 머리카락이 붉어서 붙은 별명)가 형 노르망디 공 로베르를 제치고 왕위를 계승했습니다. 당시의 연대기에는 그가 신앙심이 부족하고 촌스러워 인기가 없었다고 쓰여 있습니다.

배런(쿠리아 레기스를 구성하는 왕의 유력한 직속 봉신)들은 1088년에 반란을 일으켜 로베르를 옹립하려고 했지만 실패했습니다. 그 후 윌리엄 2세는 사냥하던 중 사망하고 정복왕의 사남 **헨리 1세**Henry I (재위 1100~1135)가 왕위에 올랐습니다.

헨리 1세의 치적

성정이 근면한 헨리 1세는 캔터베리 대주교 랜프랭크Lanfranc의 가르침을 받아 과거의 악습을 폐지하고 에드워드 1세가 추가한 법률을 준수하기로 했을 뿐더러 앵글로색슨족도 평등하게 대했습니다. 그리고 앵글로색슨 왕가의 혈통을 이은 스코틀랜드 왕 말 콜룸 막 돈카다Máel Coluim mac Donnchada(맬컴 3세)의 딸 마틸다를 왕비로 맞이합니다. 헨리 1세는 정실情實에 치우치지 않고 인재를 적재적소에 배치했는데, 재상에 해당하는 대법관Lord Chancellor에 솔즈베리 주교 로저Roger를 임명했습니다. 왕은 주교의 힘을 빌려 윌리엄 1세가 도입한 봉건제와 중앙집권 체제를 확립해 갔습니다.

헨리 1세는 행정 분야에서도 공적을 세웠습니다. 각 샤이어를 담당하는 셰리프에게 조세 징수권과 재판권을 부여해 민사재판의 기초를 마련했습니다. 셰리프는 해마다 부활절과 성 미카엘 축제, 이렇게 두 번 왕궁에 찾아와 회계를 보고해야 했습니다.

왕은 주교 임명권을 주장함으로써 교황과 대결했는데(성직 서임권 투쟁), 결국에는 "임명권은 교황이 갖지만 주교는 왕을 직접적인 주군으로 삼아 충성을 바쳐야 한다"는 규칙으로 타협을 보았습니다. 이것은 훗날 16세기에 결정적인 상황으로 치닫는 사태, 즉 로마 교황과 결별하고 종교개혁에 이르는 첫걸음이었다고 말할 수 있을 것입니다.

이렇듯 헨리 1세는 혁혁한 공적을 남겼지만 내부의 권력 투쟁을 피할 수는 없었습니다. 노르만 왕조로부터 약 500년이 지난 튜더 왕조 말까지 왕관을 둘러싼 다툼은 끊이지 않았습니다.

십자군 원정에서 돌아온 큰형 로베르는 동생 헨리가 잉글랜드 왕위에 오른 것을 보고 격노합니다. 1101년 7월 로베르는 군대를 이끌고 포츠머스에 상륙했지만, 헨리에게 패배하고 올턴조약을 맺음으로써 공식적으로 잉글랜드 왕위를 포기합니다. 1106년에 노르망디의 소유권을 두고 벌인 탱슈브레Tinchebray 전투에서도 패배한 로베르는 헨리에게 포로로 잡혀 28년 동안 디바이지스 성과 카디프 성에 갇혀 지내다 사망했습니다.

스티븐 vs 마틸다

헨리 1세의 후계 문제를 둘러싸고 또다시 분쟁이 일어났습니다. 아들이 없었던 헨리는 배런들에게 "마틸다를 여왕으로 맞이하라"는 말을 남기고 죽었습니다.(헨리 1세의 딸 마틸다는 남편인 신성로마제국의 황제 하인리히 5세가 사망한 뒤 잉글랜드로 돌아왔습니다.) 하지만 여왕을 섬기기 싫었던 배런들은 윌리엄 1세의 외손자이자 헨리 1세의 조카인 스티븐(재위 1135~1154)을 지지했습니다.

불로뉴 백작이었던 스티븐은 프랑스에서 바다를 건너와 유력자들의 지지를 얻어 1135년에 왕관을 썼습니다. 그러자 마틸다와 스티븐 사이에 내전이 일어났고, 1154년까지 싸움이 이어졌습니다. 결국 스티븐이 마틸다의 아들 헨리를 자신의 후계자로 삼겠다고 약속함으로써 내전은 겨우 가라앉았습니다. 이 헨리가 바로 헨리 2세입니다.

자, 여기서 한 가지 짚어 두고 싶은 것이 영국인은 '호전적'이라고 할 만큼 전쟁을 반복했다는 점입니다. 오늘날 '정원 가꾸기를 좋아하는 영국 신사' 이미지와는 전혀 어울리지 않지요. 일찍이 이 시대부터 선명하게 드러나는 영국인의 호전적인 성향은 국왕을 비롯한 귀족들에게서 특히 두드러집니다.

칠왕국 시대부터 줄곧 어느 왕이든 안팎으로 숱한 적에게 둘러싸여 있었다는 점, '온 힘을 다해 왕위를 차지'해야 하는 전통이 있었다는 점, 왕과 그 적대자의 배후에는 세력 다툼을 벌이는 귀족들이 버티고 있었다는 점, 영국 왕은 세속성이 뚜렷해서 프랑스 왕이나 신성로마제국의 황제처럼 성스럽고 초월적인 절대 권위를 갖지 못했다는 점 등이 영향을 미쳤다고 생각합니다.

앙주제국

스티븐과 마틸다가 맺은 약속에 따라 왕위를 계승한 **헨리 2세**(재위 1154~1189)부터 이후 1399년에 폐위된 리처드 2세까지를 플랜태저넷 왕조라고 부릅니다.

이 왕조의 이름은 헨리 2세의 아버지(마틸다의 두 번째 남편)인 앙주 백작 조프루아 5세Geoffroy V가 금작화 잔가지(중세 라틴어로 플랜타 제니스타planta genista)를 항상 모자에 꽂고 다녀 플랜태저넷이라는 별명으로 불린 데서 유래했다고 알려져 있습니다. 또한 가문의 문장紋章에도 금작화 잔가지를 사용했습니다.

헨리 2세는 아버지에게서 앙주 백작령을 비롯해 바로 맞닿아 있는 멘 지방을 물려받았고, 어머니에게서 잉글랜드와 노르망디를 물려받았습니다. 실로 영국과 프랑스 두 나라에 걸친 대군주였던 셈이지요.

헨리 2세는 결혼을 통해서도 영지를 확장했습니다. 그는 1152년 아키텐의 알리에노르Aliénor d'Aquitaine와 결혼했습니다. 알리에노르는 사실 프랑스 왕 루이 7세와 이혼한 지 얼마 안 되는 왕비였습니다. 대영주이기도 한 그녀와 결혼함으로써 헨리 2세는 푸

- 앙주제국
[곤도 가즈히코, 『영국사 10강』(이와나미서점, 2013)
에서 수정해 사용]

아투, 귀엔, 가스코뉴로 이루어진 아키텐 지방을 얻었습니다.

이렇게 해서 그때까지 헨리 2세가 잉글랜드 왕으로서 소유한 영토를 합치면 왕령은 거의 프랑스 서쪽 절반에 달했습니다. 해협을 끼고 있는 잉글랜드와 프랑스의 대영지를 관례적으로 '앙주제국'Angevin Empire이라고 부릅니다.

헨리 2세의 정치기구

헨리 2세는 난폭하기는 했어도 교양 있고 유능한 군주였습니다. 쓸모 있는 인재를 등용해 법제와 재정 등을 정비했기 때문에 그가 다스리는 동안 영국의 정치기구는 현격하게 발전했습니다.

특히 국왕이 직접 임명한 지방 영주와 고위 성직자로 이루어진 대회의로부터 입법 권한을 행사하는 근대 의회의 상원이 탄생했다는 점을 주목해야 합니다. 또 하나, 국왕 중심의 재판제도가 확립되었다는 점도 특징적입니다. 귀족들의 분쟁은 물론 토지 소유에 관한 재판도 궁정에서 열리면서 지방 영주의 재판권은 약해졌고 왕의 순회 재판이 위력을 더했습니다. 또 배심제도를 도입하면서 배심원의 증언이 힘을 발휘하기 시작했습니다.

이러한 법제 개혁을 통해 지방마다 다른 법 관습을 통일하려는 움직임과 맞물려 다른 나라보다 앞서 판례법주의와 '코먼로'common law의 정비가 이루어졌습니다. 코먼로란 명문화된 법률이 아니라 다양한 판례와 관습을 모은 것을 말합니다.

한편, 이 시대에 교회 재판소가 세속 재판소의 관할을 침해하는 일이 빈발해 양쪽의 대립이 거세졌습니다. 1164년 왕은 정의를 되찾겠다는 명목으로 심복인 귀족들과 함께 클래런던궁전에서 캔터베리 주교 토머스 베켓Thomas Becket을 비롯해 대주교, 주교 등을 만나 '클래런던헌장'에 서명하도록 요청했습니다.

이를 통해 헨리 2세는 주교 임면권이 왕에게 있음을 확정할 뿐 아니라 교회 재판과 국왕 재판의 역할을 구분 지으려 했습니다. 구체적인 내용은 성직자라 해도 세속적인 중죄를 저질렀을 때에는 국왕 재판소에 기소된다는 것, 교회 재판소에서 성직을 박탈당한 성직자는 국왕 재판소에 회부되어 처벌받을 수 있다는 것, 성직자는 교황청에 상소를 제기할 수 없다는 것이었습니다.

이 일로 토머스 베켓과 헨리 2세는 절교했다가 프랑스 왕의 중재로 화해합니다. 그런데 1170년 캔터베리 대성당에서 기도하던 토머스 베켓을 기사 네 명이 암살해 버렸습니다. 비난 여론이 거세게 일자, 왕은 참회의 뜻을 보이기 위해 맨발로 캔터베리를 걸었을 뿐 아니라 수도사들에게 채찍으로 매를 맞았습니다.

얼마 뒤 토머스 베켓은 교황 알렉산데르 3세에 의해 성인의 반열에 올랐고, 캔터베리는 잉글랜드에서 으뜸가는 순례지가 되었습니다. 이후 왕과 로마 교황청은 계속 사이가 나빠지다가 나중에 헨리 8세의 종교개혁을 계기로 완전히 결별합니다. 영국 왕이 유럽의 다른 국왕과 황제보다 신앙심이 약한 것일까요? 로마 교황의 권위와 지배로부터 독립하려는 경향은 일찍부터 다른 나라보다 강렬했던 모양입니다.

아일랜드와 웨일스 정복

헨리 2세가 문을 연 플랜태저넷 왕조는 앞에서 서술했듯 프랑스에도 광대한 영토를 소유했습니다. 그런데 브리튼제도를 둘러보니 잉글랜드와 접한 곳에도 아직 공략하지 못한 땅이 있었습니다. 바로 웨일스, 스코틀랜드, 아일랜드입니다.

18세기까지 잉글랜드는 스코틀랜드를 제대로 노려 정복하거나 합병하지 않고 오랫동안 옥신각신 다툼만 되풀이했습니다. 반면 아일랜드와 웨일스는 일찍부터 본격적인 정복 대상이었는데, 이를 처음으로 실행한 사람이 헨리 2세입니다.

그가 아일랜드를 최초로 정복한 것은 1171~1172년이었습니다. 고대부터 켈트인의 섬이었던 아일랜드는 잉글랜드와 달리 로마로부터 침략당하지 않았습니다. 5세기 중반에는 기독교가 전해져 독자적으로 발전했습니다. 이 섬에도 8~10세기에 걸쳐 노르만족의 침입과 약탈, 횡포가 계속되었지만, 켈트인 여성과 결혼하는 등 평화적으로 정착한 경우도 있었던 듯합니다.

12세기 후반에 들어와 부족 항쟁에 시달리던 렌스터Leinster왕국의 디아마트 막 무르하Diarmait Mac Murchada(백 수십 개 소왕국 위에 군림한 대왕)가 도움을 요청하자 헨리 2세는 아일랜드를 정복하기로 마음먹습니다. 이 기회를 틈타 앵글로노르만계 귀족이 아일랜드로 원정을 떠나 자신의 영지를 세웠고, 이것이 이후 800년이 넘게 이어지는 잉글랜드와 아일랜드의 분쟁에 불씨가 됩니다.

아울러 헨리 2세는 웨일스를 정복하려고 1157년부터 8년 동안 원정을 떠났지만 성과를 올리지는 못했습니다. 나중에 헨리 3세 시대인 1267년, 몽고메리조약에 의해 웨일스의 유력자 허웰린 아프 그리피드Llywelyn ap Gruffudd가 대공으로 인정받아 웨일스는 공국公國이 되었습니다. 그러나 다음 왕인 에드워드 1세가 웨일스를 정복해 버렸습니다.

정치적·군사적으로 굴복시켰다고는 해도 다른 민족이 사는 땅을 완벽하게 장악하고 제도적으로 동화시키는 것은 그리 손쉬운 일이 아니었습니다.

타자를 보는 영국의 시선

이러한 정복 행위를 통해 영국(인)이 어떻게 타자를 바라보고 어떤 태도로 타자를 대하는지, 그들의 심리 상태를 엿볼 수 있습니다.

노르만계 웨일스 사람인 기랄두스 캄브렌시스Giraldus Cambrensis (영국식으로는 제럴드 오브 웨일스Gerald of Wales, 1146~1223)가 아일랜드와 웨일스에 대해서 쓴 기록이 남아 있습니다. 그는 성직자가 된 다음 약 10년 동안 파리에서 학업을 쌓고 귀국해 헨리 2세의 궁정에서 일했습니다. 그가 집필한 저서로『아일랜드 지지地誌』Topographia Hibernica(1187), 『아일랜드 정복기』Expugnatio Hibernica(1189),『웨일스 순례기』Itinerarium Cambriae(1191), 『웨일스 개요』Descriptio Cambriae(1194)가 있습니다.

『아일랜드 정복기』는 헨리 2세의 아일랜드 정복에 대해 기술한 책입니다. 아일랜드 정복은 로마 교황이 승인해 준 종교적 사업이기도 하고 "아일랜드의 괴물 같은 지나친 행동, 비열한 종교 관행을 정상화하기 위한 일"이기도 했다며 그 일에 가담한 기랄두스 자신의 일족을 정당화합니다. 『아일랜드 지지』는 1185년 '아일랜드 군주'로 부임한 존 왕자를 수행하기 위해 기랄두스가 이듬해까지 아일랜드에 머물면서 관찰한 그곳 주민의 습속이나 이해할 수 없는 현상을 담고 있습니다.

외가 쪽으로 남웨일스와 인연이 있었던 기랄두스는 웨일스를 돌아다니며 십자군을 독려하던 캔터베리 대주교 볼드윈을 수행하기도 했습니다. 이를 기록한 것이 『웨일스 순례기』와 『웨일스 개요』입니다. 그는 1188년 3월부터 4월까지 웨일스에 머물렀습니다.

이 책들은 '중앙(잉글랜드, 궁정)의 시선으로 변경과 타자를 관찰'하며 문명의 세례를 받은 학자가 '미개한 땅의 풍습과 현상을 수집하는' 특징을 지니고 있습니다. 기랄두스와 같은 이들을 '선구적 민속학자'라고 부르는 까닭이 그것입니다.

『아일랜드 지지』에서는 그 땅의 자연과 경이, 기적, 그리고 주민의 풍속과 관습에 관한 사례를 수집해 보고합니다. 아일랜드 주민은 "거칠고 무뚝뚝한 미개인으로, 짐승만 먹고 스스로도 짐승처럼 살고 있다"며 편견에 가득 찬 말을 쏟아내는 한편, "그들의 악기 연주는 다른 민족에 비해 압도적으로 뛰어나고, 손가락을 재빨리 놀려 음악의 조화가 흐트러지지 않는다"고 칭송하기도 합니다.

『웨일스 순례기』와 『웨일스 개요』에는 웨일스 각 지역의 역사, 자연, 지리, 풍속, 동물, 주민들의 습성, 의복, 언어, 음악, 악마 빙의, 무기 등 온갖 요소를 호기심에 찬 시선으로 관찰하고 기록해 놓았습니다. 기랄두스의 책에는 '왕성한 호기심'이라는 영국인의 특징적인 성격이 잘 드러나 있습니다.

유럽의 중세인들, 특히 12세기 이후의 사람들은 유럽 밖의 별세계에 지대한 관심을 가졌습니다. 그중에서도 쉽사리 갈 수 없는 '오리엔트(동방)'야말로 가장 특별한 경이의 보물 창고였습니다.

그런데 영국인에게는 이미 가까이에 '별세계'가 있었습니다. 이들은 해외 진출과 제국주의의 시대에 '백인의 책무', '미신 타파' 같은 일방적인 논리를 내세워 식민지를 지배했습니다. 영국이라는 섬나라가 스페인, 포르투갈, 프랑스, 독일보다도 더 능숙하게 식민지를 지배하고 확대해 나간 배경에는 중세부터 그들이 웨일스나 아일랜드와 같은 '타자'를 통해 '별세계'를 경험했다는 사실이 깔려 있다고 생각합니다.

여기서 왕의 궁정이야말로 타자 이데올로기를 길러 낸 온상이었다는 점을 지적하고 싶습니다. 궁정은 왕을 섬기는 귀족과 기사, 나아가 세속적인 능력과 야심이 있는 고위 성직자가 모여 있고 그들의 부인들이 화려함으로 수를 놓는 우아한 세상의 중심이었습니다.

동시에 왕의 궁정은 통치를 위한 중심 기관이기도 했습니다. 왕실 재정을 담당한 재무부와 국왕의 옥새를 관리한(국새를 관리하던 대법관이 점차 법적 기능만 담당하게 되면서 국새도 관리하게 되는) 옥새상서를 비롯해 왕실 침소 담당, 의복 및 가재 담당, 어선御膳 담당, 거마車馬 담당 등 왕의 사적인 살림을 맡았던 부서들이 공적인 성격을 띠고 국정 기관이 되어 갑니다. 13세기가 되면 궁정에서 분리된 부서가 왕의 개인적인 영향에서 벗어나 관료제적 성격을 강하게 띠기 시작합니다. 또한 재상부(대법관부), 옥새상서 등 몇몇 부서에서 관리하던 옥새나 국새를 찍은 증서가 행정적으로 중요해집니다.

왕은 궁정 기관을 이용해 본격적으로 국내 통치를 해 나가는 동시에 변경과 해외를 정복하는 정책을 펼쳤습니다. 이를 위해 우선 궁정인들에게 '정복'의 마음가짐과 별세계의 타자에 대한 '이해'를 요구했습니다.

『아일랜드 정복기』와 『웨일스 개요』의 마지막 부분에는 정복과 통치를 위한 심오한 비법이 쓰여 있습니다. 이를테면 정복을 위해 군대 장비를 마련하거나 군사 작전을 짜는 것뿐만 아니라 어떻게 물리적·정신적으로 주민들을 약화하고 사기를 저하할까, 또한 어떻게 뇌물과 매수, 거짓 약속으로 주민들 사이에 불화의 씨를 뿌려 서로 갈등하고 다투게 만들까 같은 수법을 정리해 놓았는데, 이 점이 매우 인상적입니다.

실로 근대와 현대에 걸쳐 영국이 제국주의를 확장하고 타국을 정복해 나가는 원점이 눈에 보이는 듯합니다.

십자군에 열중한 사자심왕

판도를 크게 넓힌 헨리 2세는 만년에 왕비 알리에노르와 불화하면서 아들들의 반항에도 맞닥뜨렸습니다. 이 갈등을 겨우 무마하자 막내아들 존이 또다시 반란을 일으켰습니다. 1189년 헨리 2세는 충격을 받은 나머지 절망에 빠져 죽고 맙니다.

장남과 차남은 이미 요절한 터라 헨리 2세의 뒤를 이은 것은 삼남 리처드였습니다. 다른 아들과 마찬가지로 어머니 손에 이끌려 프랑스에 와 있던 그는 서둘러 잉글랜드로 돌아가 리처드 1세 사자심왕Richard I the Lionheart(재위 1189~1199)으로 즉위했습니다. 하지만 그는 성정이 급하고 성적으로 문란했을 뿐 아니라 머리끝에서 발끝까지 '프랑스인'이라 영어도 할 줄 몰랐습니다.

- 제3차 십자군 원정 당시 리처드 사자심왕(중앙 오른쪽)과 살라흐 앗 딘(중앙 왼쪽)

대관식을 치르고 1년도 지나지 않은 1190년에 리처드 1세는 십자군 원정을 떠났습니다. 전쟁터에서 용맹무쌍하게 싸운(그래서 '사자심왕'이라는 별명을 얻은) 리처드 1세는 이슬람 무사인 살라흐 앗 딘 Salah ad-Din(십자군을 무찌르고 예루살렘을 탈환한 인물)과 협정을 맺고 명성을 드높였습니다.

그러나 리처드 1세는 십자군 원정에서 돌아오는 길에 오스트리아 공작인 바벤베르크가의 레오폴트 5세에게 붙잡혔습니다. 레오폴트 5세는 리처드 1세를 신성로마제국의 황제 하인리히 6세에게 팔아넘겼고, 황제는 몸값으로 은화 15만 마르크(10만 파운드)를 요구했습니다. 국가 예산의 몇 배에 이르는 거액이었지만, 왕의 어머니가 발 벗고 나선 덕분에 1194년 2월에 풀려났습니다.

월터 스콧이 소설 『아이반호』Ivanhoe에서 묘사한 것처럼 리처드 1세는 인기 있는 전사였습니다. 그는 프랑스 영지를 지키느라 잉글랜드에는 거의 머물지 않았고 십자군 전투에 나가 이교도와 싸우는 일로 바빴습니다.

이와 같은 국왕의 존재도 영국의 제도가 발전하고 성숙하는 데 나쁘지만은 않았습니다. 왕의 통치력이 엄혹하게 미치지 않는 동안 지방의 젠트리gentry(귀족 바로 아래의 중소 지주 등 상류층)가 자신들의 영향력이 미치는 샤이어 및 도시 자치에 눈뜨면서 '지방자치' 원칙이 널리 확립되었기 때문입니다.

영국 왕은 프랑스인

프랑스와의 관계를 살펴보면, 이 시대 왕들은 핏줄로 볼 때 '거의 프랑스인'이라고 해도 무방할 정도입니다.

노르망디 공이었던 윌리엄 1세는 노르만 귀족을 이끌고 온 프랑스인입니다. 헨리 1세도 아버지는 윌리엄 1세, 어머니는 플랑드르 백작 보두앵 5세의 딸 마틸다입니다. 다시 말해 앵글로색슨족의 피는 이어받지 않았습니다. 헨리 2세의 아버지는 앙주 백작 조프루아

5세라는 프랑스인입니다. 프랑스에서 태어난 그는 스스로를 프랑스인이라고 생각했던 듯합니다. 리처드 1세도 아버지는 잉글랜드 왕인 동시에 앙주 백작, 어머니는 아키텐 공작이므로 영국인이라기보다는 프랑스인이었습니다.

이렇듯 초기 잉글랜드의 왕들은 영어를 거의 못하거나 전혀 못하는 프랑스인이었고, 배런과 귀족들도 마찬가지였습니다. 1399년에 와서야 영어가 모국어인 왕(헨리 4세)이 등장했습니다. 게다가 '앙주제국'의 제왕이기도 한 잉글랜드 왕은 프랑스 각지를 돌아다니면서 통치해야 했기에 브리튼제도에 머무는 기간이 짧았습니다.

영국 국민은 나중에 프랑스를 적으로 여기면서 비로소 영국인이라는 정체성을 확립해 나갔습니다. 당연히 국왕들도 그러한 전망을 갖고 행동하기 시작했습니다. 잉글랜드 왕국 최초의 노르만 왕조, 그리고 플랜태저넷 왕조 초기에는 프랑스가 잉글랜드 왕들의 모태였고, 섬(나라)과 대륙의 거리는 둘 사이를 가로지르는 정치체제의 성립을 조금도 방해하지 않았습니다. 그 덕분에 '앙주제국'이 존재했다고 말할 수 있겠지요.

마그나카르타의 의의

1199년 리처드 1세가 사망하자 동생 존(재위 1199~1216)이 왕위를 이었습니다. 상속받을 토지가 없어 '결지왕'缺地王*이라고 불린 이 막내는 정치와 외교 방면에서 계속 실책을 범했습니다.

우선 그는 뤼지냥가의 위그 백작과 정혼을 맺은 앙굴렘 백작의 딸 이사벨라를 약탈해 결혼합니다. 화가 난 위그 백작이 프랑스 왕 필리프 2세에게 억울함을 호소했고, 존은 그와 싸워야 할 처지에 놓였습니다. 그 결과 1202~1204년에 걸쳐 프랑스 내 영토 대부분을 빼앗겼고, 앙주제국은 맥없이 무너집니다.

더구나 1207년 캔터베리 대주교 임명을 둘러싸고 교황 인노켄티우스 3세와 갈등을 벌인 존 왕은 성무聖務 금지령을 받고 이태 뒤에 파문까지 당했습니다. 그는 결국 1213년에 교황에게 굴복합니다. 1214년에는 신성로마제국의 황제인 오토 4세, 플랑드르 백작, 불로뉴 백작 등과 손잡고 북프랑스의 부빈에서 필리프 2세의 프랑스군과 맞붙어 대패했습니다.

전쟁 경비를 꾸리기 위해 신하의 토지를 빼앗거나 군역 대납금을 징수하거나 왕실 산림의 규제를 확대하는 등 반감을 사는 바람에 1215년에는 내전이 발발합니다. 귀족의 요구를 거부하던 존 왕도 열세에 몰리자 결국에는 6월 15일 대헌장 '마그나카르타'Magna Carta에 조인했습니다.

고등학교 세계사 교과서에도 반드시 등장하는 '마그나카르타'는 영국 국가 발전의 이정표 혹은 영국 헌법의 기초라고 평가받습니다만, 실은 애초부터 왕과 귀족들이 타협한 산물이었습니다. 전문前文 말고는 왕, 귀족, 교회가 각각의 요구에 맞춘 63개 조항을 늘어

---

*　　랙랜드(lackland). 선대로부터 물려받은 프랑스 영지를 상실한 까닭에 후대에 와서는 '실지왕'(失地王)으로 해석하기도 한다.

- '마그나카르타'에 조인하는 존 결지왕

놓은 것에 불과했습니다. 당시 귀족들의 머리에는 입헌정치나 의회 민주주의 따위가 조금도 들어 있지 않았고, 무익한 전쟁이나 토지와 건물 몰수에 분노했을 따름입니다.

이 대헌장은 서두와 제1조에서 교회의 권리를 보장하고, 이어 제12~15조에서 왕이 과세할 때 권한을 남용하지 못하도록 제후·기사·도시 대표의 의견을 들어야 한다고 정함으로써 특권을 제한했습니다. 그 밖에 채무, 재판, 재정 등에 관해 이야기하고, 제39조에 코먼로를 토대로 인민의 권리를 내걸었습니다.

역사에 남은 것은 이 39조로, 자유인은 누구든 정당한 법적 판단과 절차 없이 체포되거나 구금되지 않는다고 적혀 있습니다. 이어 제61~63조에 걸쳐 왕도 법의 지배에 따라야 할 뿐 아니라 지배 방법에 대해서는 왕 스스로가 책임져야 한다고 단언하며, 왕이 이 헌장을 지키도록 25인의 귀족을 선출하고 만약 왕이 법을 위반할 경우에는 왕에 맞서 싸울 권리까지 인정했습니다.

그러나 존 왕이 조인 후 3개월도 지나지 않아 마그나카르타를 폐지하려 하는 바람에 다시 내란이 발발했습니다. 이듬해 존은 세상을 떠났고, 헨리 3세가 왕이 되어서야 마그나카르타가 발포되었습니다. 그리고 이후 30여 차례나 개정을 거칩니다.

노르만 왕조부터 플랜태저넷 왕조 초기까지의 통일 잉글랜드 시대 초반에 왕을 중심으로 하는 정치체제의 기초를 마련한 것이 오늘날까지 1,000년을 내려오는 것은 분명한 듯합니다. 한편으로 이 시대 인민은 자기들을 지켜 주고 지도하고 나라를 바람직한 방향으

로 이끌어 갈 유능하고 강력한 국왕을 원했습니다. 그래서 재판제
도 등을 통한 중앙집권화에 찬성하면서도 무능하고 함부로 처신하
는 왕을 저지할 방법도 마련해 나갔던 것입니다.

방금 '인민'이라는 말을 했는데, 처음에 왕에 맞선 세력은 배런
이나 귀족 등 극소수였습니다. 그러나 점차 기사와 젠트리, 나아가
요먼yeoman(독립 자영농), 도시민으로 그 범위가 넓어졌고 이윽고 국
민 전체가 되었습니다. 이것이 바로 영국인이 오랜 시간에 걸쳐 왕
과 대항하면서 의회 민주주의와 입헌정치를 형성해 나간 역사입니
다. 그런 뜻에서 정치적 영역에 새로운 계급이 참여하는 길을 열어
준 마그나카르타는 중요한 실마리라고 할 수 있을 것입니다.

농민의 살림살이

그러면 앵글로색슨 시대부터 플랜태저넷 왕조에 이르기까지 농민
은 어떻게 생활했을까요? 앵글로색슨 시대에 농민들은 무거운 지
대地代를 부담했을 뿐 아니라 영주 직영지에서 부역의 의무를 다해
야 했습니다. 노르만 정복 후 토지는 급속하게 장원莊園이 되어 갔
습니다. 세금을 내고 병역을 면제받은 기사들은 열심히 농장을 경
영했고, 각지에 장원 영주의 저택인 매너 하우스manor house가 들
어섰습니다.(점점 웅장하고 화려해져 18~19세기에는 컨트리 하우스country
house로 발전합니다. 128쪽 그림 참조.)

장원의 농민 일부는 자유농민이나 소크먼sokeman(자유농민과 농노

의 중간 단계에 있는 준자유민, 군역 대신 농역農役을 지는 농민)으로서 부역을 면했지만, 소크먼은 완전히 자유롭지 않았습니다. 그들은 영주에게 몸을 의탁하고 영주 재판권에 따르는 소작농으로서 국왕 법정이나 샤이어 법정, 헌드레드 법정에서는 소송할 수 없었습니다.

왕에 맞서지 않고 협조하는 강력한 대귀족은 서로 도움을 주고받으며 왕의 지원을 받았습니다. 그들은 왕의 정책 덕분에 토지 영주로서 농민을 수탈해 예속 농민으로 전락시키고 결혼세, 사망세, 기타 세금을 부과해 영주의 재판권에 복종시킬 수 있었습니다.

잉글랜드 곳곳에 파견된 노르만 사령관들이 유력한 영주로서 앵글로색슨족 영주를 대신했습니다. 영주 계급에는 당연히 위계질서가 있어 백작, 배런, 중급 귀족, 소귀족으로 나뉘어 있었습니다. 소귀족은 장원을 하나밖에 소유하지 못했고, 중급 귀족은 장원을 몇 개 보유해 때때로 시찰에 나섰으며, 백작, 배런, 사교, 수도원장 등은 그 위에 위치한 대영주로서 광활한 영토를 소유했습니다. 또한 백작 위에는 왕위를 잇는 대귀족으로서 소수의 공작이 있었습니다. 본래 공작이라는 호칭은 잉글랜드에서 왕족을 위해 만든 것이지만, 15세기 말부터는 신민에게도 부여했습니다.

영주는 농민의 생산물을 소비하고 연공을 받아 풍요롭게 지내는 착취자였습니다. 농민은 밀을 비롯한 곡물과 콩류, 쇠고기, 양고기, 닭고기, 달걀, 치즈, 버터, 돼지기름, 벌꿀, 청어 등의 현물은 물론 현금 지대도 바쳐야 했습니다.

보유농의 소작지 이외에 영주 직영지도 있었는데, 크기는 제각각이었습니다. 그곳에서는 주週 부역을 바치는 농노 이외에 전담 노예(부자유민)도 있었습니다. 영주는 직영지에서 생산되는 농산물을 시장에 내다팔아 상당한 현금을 챙겼습니다. 나아가 가루를 빻을 권리와 빵을 구울 권리를 독점한 영주는 농민에게 강제로 자기 도구를 사용하게 해서 부를 쌓았습니다.

『둠즈데이북』을 작성할 당시 농민들 사이에는 계층적인 차이가 존재했습니다. 그들은 자유농민, 소크먼, 농노, 코터cotter(날품팔이 영세농), 노예 등 다섯 계층으로 나뉘었는데, 한 세기 후에는 노예가 사라지고 예속성이 느슨해집니다. 그러나 어느 계층이든 대다수 농민은 가난하게 살았습니다. 집은 좁은 데다 방이 한두 칸뿐이라 가축과 함께 지내야 했습니다. 바닥은 발로 밟아 다진 흙에 짚이나 골풀을 깔았고, 중앙에는 화로를 놓아 난방과 조리에 사용했습니다. 당연하게도 연기 그을음 때문에 집 안에는 금방 먼지가 쌓였고, 아무리 비질을 해도 깨끗해지지 않았습니다.

농민들은 잡곡 빵, 오트밀, 죽을 먹었고 맥주를 흔히 마셨습니다. 콩류, 드물게는 베이컨이나 소금에 절인 고기를 오트밀에 넣어 단백질을 보충했고, 가끔 약간의 고기를 먹었습니다. 계절에 따라 양배추, 상추, 파, 시금치, 파슬리, 양파, 마늘 등의 야채를 죽이나 수프에 넣어 먹었습니다.

농민은 힘든 노동에 종사했지만 기독교 축일에는 여흥을 즐기고 잔치를 벌이기도 했습니다. 농담을 주고받고 노래와 춤을 즐기고 서로 어울려 뒹굴며 술래잡기나 볼링, 진지 뺏기 놀이, 주사위 던지기를 하거나 축구, 수영, 활쏘기, 테니스 같은 스포츠를 즐기기도 했습니다.

스코틀랜드의 움직임

이제까지 잉글랜드를 중심으로 살펴봤는데, 스코틀랜드는 어떠했을까요? 본래 스코틀랜드에서는 교회가 왕이나 지방 호족에 의존하는 경향이 강했기 때문에 로마 교황의 권위가 별로 미치지 않는 편이었습니다.

그러나 막 베하드(재위 1040~1057) 왕이 1050년에 로마로 순례를 떠나면서 로마 교황청에 대한 종속이 강해져 수도원 개혁이 이루어졌습니다. 나아가 알락산다르 막 말 콜룸Alaxandair mac Maíl Coluim(재위 1107~1124)과 다비드 막 말 콜룸Dabíd mac Maíl Choluim (재위 1124~1153) 시대에 가톨릭이 퍼지면서 주교구가 정비되고 수도원이 차례로 세워졌습니다.

이 시대에 스코틀랜드에서는 잉글랜드를 본받아 국왕 중심의 재판제도, 지방 및 대도시의 자치제도 등을 실시하기 시작했습니다. 또한 노르만 정복은 피했지만 12세기 들어 잉글랜드에서 건너오는 앵글로노르만계 이주민들에 의해 기사 계급이 성장하고 도시가 발전했습니다. 노르만족 영주와 스코틀랜드인 영주가 함께 왕에게 충성을 맹세하면서 지방 행정과 사법을 맡아 영지를 다스렸습니다. 잉글랜드와는 달리 왕과 유력자들의 관계도 양호했던 것입니다.

아서왕 전설과 영국 왕의 정통성

영국(잉글랜드)인은 실용주의 사고방식이 강하기 때문에 정열에 휩쓸려 무모한 행동을 하거나 상상의 날개를 달고 자신을 망각하는 일은 없다고 알려져 있습니다. 반면에 켈트(아일랜드, 웨일스, 스코틀랜드)인은 초자연적인 사물에 대한 감수성이 예민하여 요정, 소인, 거인 등 다양한 경이로운 존재를 친근하게 느꼈습니다.

사실 중세에는 유럽의 다른 나라들과 마찬가지로 잉글랜드에서도 환상 세계를 노니는 일이 많았습니다. 환상의 서사를 생산한 중심지 중 하나가 왕과 제후의 궁정이었습니다. 궁정 귀족들이 민간 전승을 받아들여 신기한 이야기를 지어냈던 것입니다. 특히 영국인은 아서Arthur왕 이야기에 열광했습니다.

아서왕은 현실과 상상의 틈새에 존재하는 인물입니다. 현실에서 그는 색슨족의 침략에 맞서 싸웠다고 알려진 6세기 브리튼인의 왕이었지만, 실제 행적은 거의 알려지지 않았습니다. 오히려 그는 현실을 초월한 비약적인 존재로서 중세 기사도를 대표하는 왕이 되었습니다.

아서왕은 네니우스Nennius라는 연대기 작가가 9세기에 쓴 『브리튼인의 역사』Historia Brittonum에 맨 처음 등장합니다. 1100년 전후의 웨일스 성인 전기 등에서도 언급되며, 1136년경에 몬머스의 제프리Geoffrey of Monmouth가 쓴 『브리타니아 왕들의 역사』Historia Regum Britanniae를 통해 본격적으로 알려졌습니다. 제프리는 켈트

- 아서왕과 원탁의 기사들

인의 민간 구전설화에서 착상을 얻었을 것입니다.

아서왕은 브리튼인이 이룬 모든 정복의 책임자이자 전사이며 이 교도와 싸운 기독교 왕이었습니다. 나아가 그는 우아한 궁정풍 군주이기도 했습니다. 신하들에게 둘러싸여 정의와 대범함이라는 미덕을 보여 주는 이상적인 왕이었지요. 그의 기사들은 원탁에 둘러앉았습니다.

잉글랜드 곳곳에서 활약했다는 현장감이 있어서인지 아서왕과 원탁의 기사 전설은 서민에게도 인기가 매우 높았습니다. 이에 영국 왕들은 실제 혈연관계를 무시하면서까지 아서왕과의 인연을 강조하며 영예로운 조상을 가졌다고 주장했습니다. 특히 플랜태저넷 왕조는 일찍부터 아서왕 전설을 끌어들여 정치적인 정당성을 주장했습니다.

이를테면 1278년 에드워드 1세는 아서왕과 왕비 기네비어 Guinevere의 유골을 발견했다고 주장하는 글래스턴베리 대수도원에서 아서왕 부부의 유골을 개장改葬하는 의식을 거행했습니다. 1348년에는 에드워드 3세가 원탁의 기사를 본떠 가터 기사단을 창설하고 '아서왕의 후예'라는 위엄과 권위를 빌려 프랑스 공략에 대해 귀족들의 지지를 얻으려 했습니다.

그보다 조금 나중인 15세기 후반에 시작된 튜더Tudor 왕조는 정통성 있는 왕을 폐하고 계승권이 의심스러운 인물을 왕위에 올린까닭에 새로이 정통성을 확보해야 했습니다. 이에 헨리 7세는 맏아들에게 아서라는 이름을 지어 주고 "튜더가는 영광스러운 아서왕의 후손"이라고 주장했습니다. 아서 왕자는 당시 유럽 제일의 강대국인 스페인 왕가에서 왕녀 카탈리나Catalina(아라곤 왕 페르난도 2세와 카스티야 여왕 이사벨 1세의 딸)를 아내로 맞아 기반을 더욱 튼튼하게 다지려고 했지만, 안타깝게도 그는 결혼한 지 4개월 만에 세상을 떠나고 말았습니다.

기적을 일으키는 '왕의 손길'

다른 유럽 강대국의 왕이나 황제에 비해 잉글랜드 왕은 초월적인 기운을 내뿜기가 꽤 어려웠습니다. 오히려 초월성을 탈피해 종교나 교회를 발아래 거느리고 자신이 교회의 수장이 되는 식이었습니다.

다시 말해 실용적이고 냉철하게 철저한 세속성을 추구하는 것이 잉글랜드 왕의 본령이라고 할 수 있습니다. 실제로 16세기 이후 왕들은 이 같은 길에 매진했습니다.

다른 한편으로는 중세부터 근세에 걸쳐 잉글랜드(그리고 프랑스) 국왕에게 '신비한 힘'이 있다는 믿음이 널리 퍼져 있었다는 사실도 중요합니다. '왕이 병자의 환부에 손을 대면 병이 낫는' 기적이 일어났다고 하는데, 여기서 말하는 병은 당시 유행하던 일종의 피부병인 연주창scrofula입니다. 결핵성 감염으로 인해 목 등의 림프샘에 멍울들이 생기고 병이 진행되면서 곪아 터진다고 합니다. 그런데 왕이 손으로 그 멍울을 만져 주면 병이 낫는다는 것입니다. 이 때문에 연주창을 '왕의 병'King's Evil이라고도 부릅니다.

최초로 기록을 남긴 것은 에드워드 참회왕 때인데, 그때까지는 하나의 사례에 불과했습니다. 그러던 것이 13세기 말부터 중세 말까지 규칙적으로 이루어지면서 잉글랜드 왕이 특별한 능력을 가졌다고 믿기에 이르렀지요. 에드워드 1세 시대부터 수많은 공문서에 치료 증거가 남아 있습니다. 1276~1277년에 에드워드 1세는 '왕의 손길'royal touch로 환자 627명을 낫게 해 주고(그렇게 했다는 믿음을 주고), 그들에게 1페니씩 나누어 주었다고 합니다.

아마도 에드워드 1세의 아버지인 헨리 3세 시대에 정착했을 이 관행은 프랑스 왕 루이 9세의 행적을 모방한 것으로 생각됩니다.

이후 잉글랜드에서는 스튜어트가의 왕들이 연회에서 예복을 입은 성직자와 외과 의사가 참석한 가운데 병자의 종기나 궤양에 손

- 왕의 손길. 찰스 2세가 병자의 환부를
어루만지고 있다.

을 대어 고쳐 주는 퍼포먼스를 벌였습니다. 마지막으로 앤 여왕이
이를 시행한 1714년까지 왕들은 의심을 받으면서도 병자를 어루만
져 '병을 고쳤던' 것입니다.

　이 관행은 찰스 2세 때 절정에 달했습니다. 그는 9만 명이 넘는
병자들을 어루만졌다고 합니다. 왕조가 바뀌든 인격이 어떠하든,
기름을 바르는 의식을 통해 신에게 부여받은 왕의 영적인 권능을
'왕의 손길'로써 보여 준 것입니다.

　이와 관련하여 14세기 초 에드워드 2세 시대부터는 성금요일
에 왕이 금과 은을 신에게 바치는 관습이 생겨났습니다. 그 귀금속
으로는 '치유 능력이 있는 반지'를 주조했습니다. 15세기부터는 왕

이 기존의 반지를 두 손으로 비비면 '경련과 간질 치료에 효과를 발휘'한다고 여겨져 '경련 반지'cramp ring라고 불렸습니다. 영국에는 1500년경부터 왕의 손길과 경련 반지에 관한 정식서定式書(의식의 순서나 필요한 기도를 정해 놓은 글)가 남아 있습니다.

그러나 아서왕의 은덕을 입어 보려는 것도 그렇고 '왕의 손길'도 그렇고, 이런 것이 왕의 권위를 얼마나 높였을까요? 프랑스 왕이나 신성로마제국의 황제와 같이 성스러운 존재, 신비로운 존재로서 왕을 숭상하게 하는 효과는 없었다고 생각합니다.

오히려 왕실이 '자선사업'에 힘을 쏟으며 솔선수범하는 방식, 즉 근현대 영국에서 볼 수 있는 실리적인 왕의 존재가 영국 국민의 정서와 더 어울리지 않았을까요?

3장
의회와 입헌군주

헨리 3세부터 헨리 7세까지
〔1216년~1509년〕

옥스퍼드 조례

존 왕의 뒤를 이어 장남 **헨리 3세**(재위 1216~1272)가 즉위했을 때 그는 겨우 아홉 살이었습니다. 1227년에 친정親政을 시작한 헨리는 정책마다 실패를 거듭해 적잖이 화근을 남겼습니다. 우선 그는 부왕이 잃어버린 프랑스 영토를 회복하기 위해 1230년에 브르타뉴, 푸아투, 가스코뉴로 진군했지만, 아무것도 얻지 못한 채 1234년 프랑스 왕 루이 9세와 휴전 협정을 맺습니다. 1236년에는 프로방스 백작의 딸 엘레오노르Éléonore에게 한눈에 반해 왕비로 삼습니다. 귀족들은 왕비가 프로방스인을 많이 데려왔다고 불평했을 뿐 아니라 왕의 대외 정책에 들어가는 비용에도 불만을 쏟아 냈습니다.

1251년 헨리 3세는 맏딸 마거릿Margaret을 스코틀랜드 왕 알락산다르 3세 막 알락산다르Alaxandair III mac Alaxandair와 혼인시켜 그를 잉글랜드 왕의 신하로 만들었습니다. 그즈음 교황 인노켄티우스 4세는 신성로마제국의 프리드리히 2세와 싸움을 벌이며 유럽의 왕과 제후들을 끌어들이는 세계정책을 펼치려고 했습니다. 헨리 3세는 차남 에드먼드를 시칠리아 국왕으로 세우고 동생 리처드를 신성로마제국의 황제로 삼자는 교황의 감언이설에 넘어가 배런들의 권리를 무시하고 시칠리아에 주둔한 교황 군대의 전쟁 비용을 지출하기로 했습니다.

상황이 이렇게 돌아가자 왕에게 반발하는 귀족과 성직자 들이 왕의 매제인 시몽 드 몽포르Simon de Montfort를 중심으로 1258년 에 '옥스퍼드 조례'를 입안, 발표합니다. 조례의 내용으로는 주요 관직에 관한 규정과 지방 통치 개혁에 관한 것뿐만 아니라 배런 중 심의 15인 위원회를 설치해 국정의 모든 문제에 관해 왕에게 조언 하면서 행정 전체를 총괄할 것, 일반 제후와 15인 위원회의 연대를 위해 1년에 3회 의회를 소집할 것 등이 포함되었습니다. 이로써 왕 권은 드디어 '의회'의 힘을 인정하기에 이르렀습니다.

옥스퍼드 조례는 라틴어와 프랑스어를 포함해 중세 영어로 쓰인 최초의 공문서라는 점에서도 커다란 의미가 있습니다. 이듬해에는 지방에 거주하는 젠트리와 중소 영주들의 요구를 받아들여 귀족과 유력자의 권리와 책임을 다시 정의하고, 더욱 엄격하게 왕권을 제 한하는 등 옥스퍼드 조례에 대한 웨스트민스터 조항을 확정합니다. 그런데 헨리 3세가 이를 파기하고 내전 상태로 돌입합니다.

로마 교황의 수하처럼 굴며 실정을 거듭하는 국왕에 반감을 품 은 성직자, 수도사, 대학생과 런던 시민 들은 시몽 드 몽포르를 지 지했고, 헨리 3세와 왕태자 에드워드는 포로로 붙잡혔습니다. 실권 을 쥔 시몽 드 몽포르는 입지를 강화하기 위해 귀족과 성직자를 비 롯해 각 샤이어(주)의 기사와 유력한 버러borough(의회 대표를 선출하 는 자치도시) 대표 두 명씩을 포함한 의회(시몽 드 몽포르 의회)를 열었 고, 1년 동안 실질적인 지배자가 되었습니다.

1265년에 탈출한 왕태자 에드워드는 시몽 드 몽포르의 막강한 권력을 차츰 경계하기 시작한 제후들의 지지를 얻어 이브셤 전투를 치렀습니다. 시몽 드 몽포르는 전투 중에 목숨을 잃었고, 헨리 3세는 1266년에 왕권을 회복했습니다.

왕권이 회복되었다고 해서 의회의 힘이 약해지지는 않았습니다. 헨리 3세를 이어 왕위에 오른 **에드워드 1세**(재위 1272~1307)는 대외 전쟁(스코틀랜드, 웨일스, 프랑스와의 전쟁)을 치를 때마다 제후의 지지를 얻어 전쟁 비용을 조달하기 위해 의회를 자주 소집했기 때문에 의회의 힘은 오히려 강해졌습니다.

이렇듯 강력한 왕권을 지지하면서도 막대한 부담과 고난을 안겨 주는 왕에게는 거리낌 없이 저항하는 영국 국민의 성정은 왕 중심의 중앙집권과 저변이 넓은 민주주의라는 서로 어긋나는 방향성을 동시에 품어 냈습니다. 이를 바탕으로 영국은 빈번하게 열리는 의회를 발판 삼아 이리저리 굴곡을 거치면서도 착실하게 입헌군주제의 길을 걸어갔던 것입니다.

'프린스 오브 웨일스'와 스코틀랜드 침공

에드워드는 즉위하기 직전(1270~1271)에 십자군으로 참전해 전사로서 평판을 드높였을 뿐 아니라 정치 수완도 아버지보다 뛰어났습니다. 그는 잉글랜드 왕좌에 만족하지 않고 브리튼제도 전체를 통치하기로 결심했습니다. 웨일스 대공 허웰린에게 신하가 될 것을 요구했지만 고분고분 따르지 않자 1277년에 군대를 파견했고, 결국 웨일스를 정복해 스스로 지배자가 되었습니다.

에드워드 1세는 웨일즈 원정을 나가 있던 1301년에 태어난 왕자(에드워드 2세)에게 '프린스 오브 웨일스'(웨일스 대공)라는 칭호를 부여합니다. 이때부터 잉글랜드의 왕태자는 명목상 웨일스의 군주가 되었습니다. 오늘날에도 영국에서는 왕태자를 '프린스 오브 웨일스'라고 부릅니다.

한편 스코틀랜드에서는 1286년에 알락산다르 3세가 세상을 떠나자 존 베일리얼과 로버트 브루스가 왕위를 다투었습니다. 에드워드 1세는 두 사람을 중개하는 척하면서 내심 스코틀랜드 왕을 가신으로 삼으려고 생각했습니다. 1296년 스코틀랜드를 침공한 에드워드 1세는 던바 전투에서 승리를 거두고 스코틀랜드인을 복종시켰습니다.

그런데 스코틀랜드 총독에 부임한 서리 백작 존 드 웨렌John de Warenne의 무자비한 통치가 점점 도를 더해 가면서 잉글랜드에 대한 반발은 더욱 거세졌습니다. 위대한 왕으로 알려진 로버트 1세(로버트 브루스, 재위 1306~1329)가 스코틀랜드 왕위에 오르자, 마침내 잉글랜드를 향해 본격적으로 반기를 들었습니다. 에드워드 1세는 반란을 제압하려고 재차 출정했지만 1307년에 사망합니다.

기사도에 열중한 왕

에드워드 1세는 기사의 모범이라고 할 만큼 용감무쌍하고 당당하며 체격이 건실한 미남으로 위대한 기사의 모험담을 읽는 것을 아주 좋아했습니다. 리처드 사자심왕, 리처드 3세, 헨리 5세 등도 기사도騎士道를 매우 좋아했다고 알려져 있습니다.

여기에서는 영국 왕과 기사도의 관계를 살펴보기로 하지요. 기사도에는 기사, 귀족, 기독교라는 세 요소가 섞여 있습니다. 기사도의 원형은 11세기 말~12세기 초에 탄생한 것으로 보입니다. 맨 처음에는 용감하게 싸우는 힘인 '용맹'을 최고의 미덕으로 칭송했습니다. 다음으로 '충성'과 '넓은 도량'을 중요시했는데, 기사는 주인을 성심껏 섬기고 주위 사람이나 아랫사람에게 너그럽게 베풀어야 했습니다.

그러다가 13세기 초에 들어오면 기사도는 실전에 임하는 태도에서 규범이나 의례 같은 것으로 변해 갑니다. 기사에 어울리는 행동거지에 성의를 다하고, 동료와의 대화와 사교에 예의를 갖추는 동시에 여성을 배려하고 봉사에 헌신하는 것을 중요시했습니다. 한편 기사 서임식의 식순에 기독교의 색깔이 입혀지기 시작했고, 사제가 개입해 기사를 교회나 약자의 수호자로 규정했습니다.

12세기 후반 헨리 2세 시대에 잉글랜드에서는 수많은 기사들이 기사도 이야기에 심취했고 기마 창 시합에 여념이 없었습니다. 그러면서 다른 한편으로는 돈을 써서 병역을 피하고 실전을 치르지 않는 젠틀먼(4장 참조)으로 변해 갑니다.

에드워드 1세 이후 영국 왕들은 이미 시대에 뒤떨어진 기사도 규범을 조작해 스스로를 빛나는 기사의 영웅으로 추어올리는 데 열중했습니다. 에드워드 1세는 카스티야의 공주 레오노르Leonor de Castilla를 아내로 맞이하고, 그녀의 이복 오빠인 알폰소 10세Alfonso X로부터 기사 서임을 받아 기마 창 시합에서 대활약을 펼쳤습니다. 에드워드 3세가 1348년에 가터 기사단을 만들어 귀족들을 길들이려 한 것도 기사도를 이용한 좋은 예입니다.

오늘날 왕가와 국가의 공로자에게 수여하는 '기사'Knight 작위는 훈장 같은 '명예 칭호'입니다. 가터 기사단이 대표하듯 14세기 이후 왕이나 제후가 궁정을 중심으로 만든 '기사단'도 의례적이고 화려한 명예를 부여하기 위한 것이었습니다. 이것은 십자군 원정 당시 전투적 기사와 수도사 들이 조직한 '성전 기사단'이나 '요한 기사단'(구호 기사단)과는 전혀 다릅니다.

여하튼 리처드 사자심왕, 에드워드 1세, 에드워드 3세 등이 영국 기사의 모범을 만드는 데 대단히 공헌한 사실은 틀림없습니다. 15세기 중반에는 기사도도 쇠퇴하지만, 왕만큼은 그 후로도 자신이 용감하고 저돌적이며 늠름한 기사임을 과시하면서 세간의 평판을 높이려고 했습니다.

원래 기사는 봉건적인 분열이 심각해진 10세기 말부터 대귀족과 자유농민의 중간에서 형성된 사회계층이었습니다. 이후 12세기 중반까지 기사들은 대부분 토지를 충분히 가지지 못한 자유민이었을 뿐 귀족은 아니었습니다. 그런데 기사도가 화려하게 꽃을 피우면서 말과 무기를 마련하는 데 돈이 들자, 본디 전문적인 기사와 그의 자손들은 '기사'라는 감투를 벗어던지기 시작합니다. 그리고 이때부터 기사는 귀족과 동일하다고 여겨집니다.

이러한 가운데 훨씬 높은 지위에 있는 왕조차도 기사임을 자처하기에 이릅니다. 중세에 쓰인 연대기나 궁정 이야기에서는 왕과 기사도가 보완 관계이며, 기사도를 웅변하는 왕이야말로 누구보다 뛰어난 왕이라고 적혀 있습니다.

왕과 기사도의 밀접한 관계는 '군주의 거울'specula principum이라 불리는 제왕학 교과서들에서 왕이 갖추어야 할 자질과 기사의 자질이 합치된다고 써 놓은 것을 보더라도 잘 알 수 있습니다. 『아서왕의 죽음』Le Morte d'Arthur(1485)을 집필한 토머스 맬러리Thomas Malory가 아서왕을 기사의 거울로 묘사했다는 점이 중요합니다.

프랑스 왕에게는 신이 계획해 놓은 특별한 임무, 즉 '정의와 평화의 사도'라는 역할이 있었던 반면, 영국 왕에게는 더욱 직접적인 투사鬪士적 태도, 그리고 기사 왕이 이루어야 할 위대한 계획과 승리가 있었습니다. 앞에서 기사도는 영국 왕이 조작하는 정치적 도구였다고 했습니다만, 바꾸어 말하면 왕과 귀족이 연합해 국가의 발전을 꾀함으로써 사회를 지배하는 것이 전근대 영국 정치의 기본이라는 뜻이기도 합니다.

이러한 움직임은 13세기 말 또는 백년전쟁 말기에 자리 잡았고, 그 후에도 열강과의 전쟁, 아메리카와 아시아 대륙 정복, 제국주의로 나아가는 위풍당당한 역사 속에서 그 힘을 잘 보여 주었습니다.

성 게오르기우스 숭배

영국(잉글랜드) 왕의 투사적 태도와 더불어 흥미로운 것이 영국의 성인 숭배, 특히 국가 수호성인에 대한 숭배입니다. 성인 숭배는 고대 말기 순교자 숭배에서 기원했고 게르만이나 켈트인의 거석 및 수목 숭배 등을 대신하기 시작한 신앙 행위입니다. 중세 초기부터 성인의 유골이나 의복 조각 등 성인과 관련된 물건에는 기적을 행하는 힘이 깃들어 있다고 믿었습니다. 그러면서 그것을 보관하고 있는 성당에 병자가 기도를 드리러 가는 관행이 생겨났습니다. 중세 전성기 이후 순례 운동에 발맞추어 성인 숭배는 한층 더 퍼져 나갔습니다.

수호성인이 교회와 수도원뿐 아니라 도시와 나라를 늘 지켜 주고 곤경에서 구해 준다고 믿었기에 그 기념일에는 성대한 축제를 열었습니다. 해당 지역과 어떤 연관이 있는지, 또 어떤 기적을 행했는지에 따라 선택하는 성인이 달랐습니다. 예를 들어 프랑스는 생 드니Saint Denis(성 디오니시우스), 이탈리아 피렌체는 산 조반니San Giovanni(세례 요한), 스코틀랜드는 성 안드레아Saint Andrew, 아일랜드는 성 파트리치오Saint Patrick를 성인으로 택했습니다.

잉글랜드의 수호성인으로는 에드워드 참회왕도 있지만, 그보다 압도적으로 중요한 인물은 성 게오르기우스Saint Georgius(세인트 조

- 성 게오르기우스와 드래건과 헨리 7세 일가

지)입니다. 성 게오르기우스는 카파도키아 또는 시리아 팔레스티나에서 태어난 로마 군인이었는데, 4세기 초에 디오클레티아누스 Diocletianus 황제의 박해를 받아 순교한 기독교 성인입니다. 그는 십자군 시대에 전쟁의 수호자로서 엄청난 인기를 누렸습니다.

중세 전성기부터 성 게오르기우스가 드래건(이교를 상징하는 사악한 상상 속 동물)을 퇴치하는 이야기가 유럽 곳곳으로 퍼졌고 그림에도 등장했습니다. 1222년 잉글랜드는 옥스퍼드 교회회의synod of

Oxford에서 성 게오르기우스의 날(4월 23일)을 잉글랜드 왕국의 축일로 정했습니다. 그의 깃발과 문장은 영국에 십자군 정신을 들여왔고, 웨일스, 스코틀랜드, 프랑스와 벌이는 전투를 정당화하는 것으로 여겨졌습니다.

성 게오르기우스가 잉글랜드에서 본격적으로 수호성인 반열에 오른 것은 14세기입니다. 아마도 1348년 에드워드 3세가 성 게오르기우스 깃발 아래 '가터 기사단'을 조직한 것이 결정적인 계기가 아니었을까 합니다. 나중에 이야기할 백년전쟁 도중에 잉글랜드군은 이곳저곳에서 성인의 이름을 연호했다고 합니다.

성 게오르기우스는 어느 특정 지역과 결부되지 않은 덕분에 15세기 후반에 이르면 꽤 많은 성당이 그를 성인으로 모셨습니다. 특정한 질병이나 직업과 연관된 성인이 아니라 잉글랜드 전체의 수호성인이 되었던 것입니다. 성 게오르기우스의 십자가는 잉글랜드의 국기가 되었고, 연합왕국의 유니언잭에서도 한가운데 자리 잡고 있습니다(7쪽 그림 참조).

14세기 이후 성 게오르기우스는 잉글랜드의 수호성인이자 왕실의 수호자가 되었습니다. 활발한 성인 숭배는 종교개혁을 거치면서도 살아남았고, 아이들이나 교회, 선박 등에 성인의 이름을 붙이기도 했습니다. 성 게오르기우스의 날에는 다양한 기념 행사가 열렸는데, 에드워드 3세는 그날 성인을 향한 경애의 마음을 담아 가난한 사람 100명에게 각각 1.5펜스씩 희사했습니다.

리처드 2세 때 성 게오르기우스 깃발은 왕실과 제도적으로 결합해 왕의 주위에서 휘날리기 시작했습니다. 나아가 모든 병사의 옷 앞뒤에 성 게오르기우스의 붉은 십자 문장을 붙이는 관행이 생겨났습니다. 이리하여 성 게오르기우스는 영국 왕의 수호성인이자 영국이라는 나라와 영국 국민의 수호성인이 되었습니다.

모범의회

용맹함을 떨친 것으로 유명한 에드워드 1세는 웨일스, 스코틀랜드로 판도를 넓혀 갔지만, 프랑스 왕 필리프 4세에게 프랑스 남서부 아키텐 지방을 빼앗겼습니다. 이것이 나중에 프랑스와 잉글랜드가 '백년전쟁'을 벌이는 불씨가 됩니다.

에드워드 1세는 1295년에 이른바 '모범의회'Model Parliament(팔러먼트*와 성직자 회의convocation의 합동 회의를 가리키지만, 최근의 연구에 따르면 후세 의회의 모범[원형]이 되는 것은 아니라고 합니다.)를 소집합니다. 이는 스코틀랜드, 프랑스, 그리고 웨일스 등으로 떠난 군사 원정 비용을 승인받기 위한 것이었습니다. 고위 성직자와 대귀족을 비롯해 각 샤이어의 기사 두 명과 각 버러의 대표 두 명, 하급 성직자 등이 의회에 출석했습니다. 거의 모든 계층의 대표자가 모인 이 의회는 13세기 후반의 몇몇 팔러먼트와 함께 영국 하원(서민원)의 기원을 이룹니다. 과세 동의 이외에도 모든 법령을 시행하고 폐지하는

---

* 　팔러먼트(parliament)는 본래 의논하다, 이야기를 나눈다는 뜻으로, 13세기 중반까지는 왕의 봉신들의 논의나 의견 교환을 가리켰다.

데 의회의 승인이 필요해지면서, 결국 14세기 초에 관례가 정착하고 점차 대의제가 실체를 갖추어 갔습니다.

그렇다고 해서 왕의 권력이 없어진 것은 아닙니다. 오히려 에드워드 1세 시대에 왕과 의회는 개미와 진딧물처럼 서로 없어서는 안 될 존재였다고 보아야 정확할 것입니다. 왕이 배석하지 않는 의회도 왕이 승인하지 않는 의결도 없었던 것을 보면, 도리어 왕이 의회의 결정에 막중한 책임을 진다고 볼 수 있습니다.

이 시대에 법 개념과 법의식, 사법제도와 관청 기구 등을 정비하면서 쿠리아 레기스에서 독립한 의회를 중심으로 통치 기구가 만들어졌습니다. 에드워드 1세는 의회와 나란히 '국왕 평의회'를 중시하기 시작합니다. 행정기관의 우두머리나 성속聖俗의 유력자를 모은 이들 회의는 당초 조언자 집단이라는 성격을 뛰어넘어 행정 집행 기관으로 발전해 갔습니다.

함부로 날뛰는 총신들

그런데 에드워드 1세의 아들로서 왕위에 오른 에드워드 2세(재위 1307~1327)는 연회를 매우 좋아했고, 죽마고우이자 특별히 총애한 피어스 게이브스턴Piers Gaveston과 동성애 관계를 맺었습니다. 그는 프랑스 왕 필프 4세의 딸 이자벨Isabelle을 왕비로 맞아들이고도 피어스 게이브스턴을 더욱 가까이하며 콘월 백작으로 임명하고 자신이 국내에 없을 때 섭정을 맡겼습니다. 그러자 왕비를 비롯해 헨리 3세의 손자이자 왕의 사촌동생인 랭커스터 백작 토머스 등 주변 인물들이 맹렬하게 반발합니다. 몇 번이나 국외로 추방당한 피어스 게이브스턴은 결국 백작들의 손에 목숨을 잃고 맙니다.

더욱이 에드워드 2세는 1314년에 스코틀랜드 중부 배넉번에서 로버트 1세가 이끄는 스코틀랜드 군대에 패했습니다. 스코틀랜드는 북잉글랜드와 아일랜드까지 전선을 확대했고 결국 에드워드 2세는 1323년에 로버트 1세와 13년간의 휴전 협정을 맺었습니다. 1315년에는 유례없이 혹독한 기근이 유럽을 덮쳐 3년 동안 왕과 제후, 귀족조차 먹을 것이 없어 곤란을 겪었습니다.

에드워드 2세는 지치지도 않는지 이번에는 피어스 게이브스턴의 자리에 윈체스터 백작 휴 르 데스펜서Hugh le Despenser와 그 아들을 앉히고 총신으로 삼았습니다. 이자벨 왕비는 잉글랜드 전체에서 광범한 지지를 얻어 왕의 무리를 압박했고, 이윽고 1326년 재판을 통해 휴 르 디스펜서 부자를 처형하고 왕도 잡아들였습니다.

백년전쟁의 시작

에드워드 2세의 이름으로 소집한 의회가 에드워드 2세를 폐위했습니다. 그리고 아들 **에드워드 3세**(재위 1327~1377)가 왕위에 올랐습니다. 폐서인이 된 에드워드 2세는 브리스틀 북쪽의 버클리 성에서 살해당합니다. 한심한 생애를 보낸 아버지와 달리 에드워드 3세는 다행스럽게도 용맹하고 현명한 할아버지의 피를 이어받았습니다.

- 1356년 푸아티에 전투(백년전쟁)

그는 열다섯 살에 왕위에 올라 50년이나 잉글랜드를 통치했습니다
만, 그의 시대는 줄곧 프랑스와 벌인 '백년전쟁'(1337~1453)으로 얼
룩졌습니다.

1328년 프랑스 왕 샤를 4세가 세상을 떠나고 그의 사촌동생인
발루아 백작 필리프(필리프 6세)가 후계자로 대두했습니다. 이에 에

드워드 3세는 이의를 제기하며 프랑스 왕위를 두고 다투었습니다. 에드워드는 샤를 4세의 조카였기 때문이지요.

에드워드가 프랑스 왕위에 대해 권리를 주장하자, 프랑스는 이에 맞서 가스코뉴 지방을 몰수했고(가스코뉴와 아키텐 지방은 에드워드 1세 시대에 실질적으로 프랑스 영토였지만, 1303년에 파리조약을 맺으면서 잉글랜드가 가스코뉴 지방을 지배하고 있었습니다.) 나아가 플랑드르를 병합했습니다. 이로써 '백년전쟁'이 발발합니다.

1340년 슬라위스 해전에서 잉글랜드 군대는 프랑스 함대를 격파했고, 1346년 크레시 전투에서도 잉글랜드 장궁 부대가 대승리를 거두었습니다. 10년 뒤 푸아티에 전투에서도 승리한 잉글랜드는 프랑스 왕 장 2세를 포로로 붙잡아 막대한 몸값을 손에 넣었습니다.

그러나 에드워드 3세 만년에 이르러 프랑스가 반격에 나섰습니다. 에드워드 3세는 전쟁 비용을 마련하기 위해 의회를 열었고, 이런 일이 반복되면서 의회는 힘을 키워 나갔습니다. 그래서 서민원과 귀족원이 따로 모이기도 하는 등 의회제가 본격적인 궤도에 오릅니다.

1369년에 가장 사랑하는 왕비 필리파Philippa를 잃고 슬픔에 빠진 에드워드 3세는 건강까지 해치는 바람에 지도력을 발휘하지 못했습니다. 그리하여 일부 도시(칼레, 보르도, 브레스트, 셰르부르 등)를 제외한 대륙 영지 대부분을 프랑스에게 빼앗기고 맙니다.

전쟁 비용이 궁했던 에드워드 3세는 2년 반 만에 의회를 개최합니다. 1376년 4월부터 6월에 걸쳐 의회는 부패한 왕의 궁정과 국왕 평의회를 혹독하게 비난했습니다. 그들은 새로운 평의원을 임명하는 동시에 왕의 위세를 등에 업고 악행을 저지르던 고위 관리 래티머 남작을 최초로 탄핵했습니다. 정치에 개입한 왕의 정부情婦 앨리스 페러스Alice Perrers는 잉글랜드에서 추방당했습니다. 이 개혁적인 의회는 '훌륭한 의회'Good Parliament라고 불립니다.

1377년에 에드워드 3세가 사망하자 손자 **리처드 2세**(재위 1377~1399)가 겨우 열 살에 즉위했기 때문에 실질적인 권력은 국왕 평의회에 넘어갔습니다. 발언권이 가장 강했던 랭커스터 공작 곤트의 존John of Gaunt(리처드 2세의 숙부)의 정파, 그리고 리처드 2세가 친정을 시작한 뒤 왕의 후원을 받은 반反랭커스터파가 팽팽히 맞서며 세력 다툼을 하는 바람에 정치는 혼란스러웠고 왕은 신망을 잃었습니다.

와트 타일러의 난

엎친 데 덮친 격으로 국내에서는 반란이 일어났습니다. 중세 플랜태저넷 왕조 시절에는 도시에 사는 주민이 약 10퍼센트였고, 나머지는 모두 농촌에 거주하는 농민이었습니다. 1300년 당시 잉글랜드 인구는 약 500~600만 명이었지만, 14세기 중반부터 여러 차례 페스트(흑사병)가 창궐해 인구가 격감했습니다. 1450년에는 200~300만 명까지 줄었다고 합니다.

농촌에 일손이 부족해지면서 농민의 처우가 나아질 기회가 찾아옵니다. 토지 소유가 유동적으로 변하고 농업 경영 방식이 개선되었기 때문입니다. 또 이른바 요먼(독립 자영농)이 등장하면서 농업과 더불어 기술 개혁을 통한 상품 생산이 활발해졌습니다.

리처드 2세 시대, 이같이 격동하는 상황 속에서 인두세를 거두는 문제로 폭동이 일어납니다. 반란을 일으킨 대다수는 성직자 존 볼*의 설교, 즉 "아담이 밭을 갈고 이브가 베를 짜던 시절에 과연 영주가 있었던가?"라는 말에 공감하며 가난한 사람에게 더 큰 부담을 지우는 새로운 세금 제도에 반발했습니다.

반란은 특히 에식스와 켄트 지방에서 심각한 양상을 보였는데, 가장 대표적인 것이 1381년에 일어난 '와트 타일러의 난'입니다. 지붕 타일 기술자였던 와트 타일러Wat Tyler는 에식스와 켄트의 노동자와 농민을 이끌고 정부 고관과 법률가의 파면을 요구하며 캔터베리에서 런던으로 행진했습니다. 런던에 도착한 그들은 법적 기록을 파기하고, 감옥 문을 부쉈으며, 집집마다 약탈을 저질렀습니다. 왕과 대신들은 도망쳤고, 반란의 무리는 인기 없는 귀족인 곤트의 존 소유의 저택을 휩쓸고 지나갔습니다.** 나아가 그들은 캔터베리 대주교와 왕의 관리 몇 명을 죽였습니다.

와트 타일러는 경제와 사회의 개혁을 호소했습니다. 이를테면

---

* John Ball(1338~1381). 농민 반란을 이끈 사상가로. 성속(聖俗) 귀족을 비판하고 계급 타파를 주장해 성직에서 파문당했다. 1381년 7월에 반란이 실패하자 처형되었다.
** 리처드 2세의 섭정이었던 곤트의 존은 각종 실정을 저질러 경제난을 가속화하고 인두세 부과로 반란을 야기한 장본인이다. 이때 파괴된 저택이 사보이궁전이다.

농민이 스스로 선택한 고용주를 위해 일할 수 있을 것과 농노제, 나아가 영주제를 폐지할 것 등을 요구했습니다. 6월 15일 와트 타일러 무리는 리처드 2세와 만났습니다. 처음에는 서로 우호적으로 이야기를 나누었지만, 도중에 분위기가 험악해지면서 와트 타일러가 왕을 보필하던 수행원들의 칼에 찔려 목숨을 잃었습니다. 리처드 2세는 농노제 폐지 약속을 내팽개치고 존 볼 등 반란을 주도한 200여 명을 처형해 버렸습니다. 그러나 농노제는 서서히 자취를 감추어 15세기에는 소멸합니다.

영국 역사상 처음 일어난 이 민중 반란이 기존의 질서를 위협했기 때문에 지배층은 당연히 거부 반응을 드러냈습니다. 질서와 안정을 소중히 여기는 영국인은 시대를 앞선 신분과 계급의 평등 요구를 도저히 받아들일 수 없었을 것입니다.

백년전쟁의 결말

리처드 2세에게는 아들이 없었습니다. 숙부인 곤트의 존은 카스티야의 왕위를 차지하기 위해 스페인으로 떠났고, 그의 아들 헨리 볼링브로크Henry Bolingbroke가 청원파를 만들어 왕을 감시하려 했습니다. 이에 리처드 2세는 청원파를 제거하고 헨리를 추방했으며, 1399년 곤트의 존이 세상을 떠나자 헨리가 물려받을 랭커스터 가문의 드넓은 영지를 몰수해 버렸습니다. 그런데 리처드 2세가 아일랜드에 가 있는 틈을 타 헨리가 영지를 탈환하고 왕위를 차지하고

- 런던탑은 윌리엄 1세 시대부터 왕이 소유한 중요한 성채로, 오랫동안 정치범을 가두는 데 쓰였으며 처형장, 무기고, 동물원, 조폐국 등으로도 사용되었다.(© Iakov Kalinin, 123RF)

자 반란군을 조직했습니다. 이에 잉글랜드는 내전 상태에 들어갔습니다. 새롭게 기대를 모으며 세력을 키운 헨리는 만년에 폭정으로 신망을 잃은 리처드를 런던탑에 가두고, **헨리 4세**(재위 1399~1413)로 즉위했습니다. 그러나 정통성을 가진 리처드 2세를 폐위시키고 왕이 되었기 때문에 왕위가 굳건하지 못했습니다.

헨리 4세가 세상을 뜨자, 정전 상태였던 백년전쟁의 불씨가 그 뒤를 이은 **헨리 5세**(재위 1413~1422) 시대에 다시 살아났습니다. 아쟁쿠르 전투(1415)에서 대승리를 거두고 노르망디, 앙주 등을 회복한 헨리 5세는 개선 나팔을 불며 귀국합니다. 1420년에는 부르고뉴파*와 트루아조약을 맺고 프랑스 왕위 계승자가 되었습니다. 그러나 전황이 역전되어 스코틀랜드 군대의 원조를 받은 프랑스군이 잉글랜드에 승리를 거두었고, 헨리 5세는 이질에 걸려 사망했습니다. 돌이 채 안 된 아들 **헨리 6세**(재위 1422~1461, 1470~1471)가 즉위하자, 헨리 5세의 동생인 베드퍼드 공작 랭커스터의 존이 섭정에 나섰습니다.

백년전쟁에 잔 다르크가 등장하면서 승리의 여신은 프랑스를 향해 미소를 지었습니다. 샤를 7세가 랭스에서 대관식을 거행한 후 잉글랜드는 칼레를 제외한 대륙에서 전면적으로 철수합니다. 이로써 백년전쟁이 드디어 막을 내렸습니다.

긴 세월 프랑스를 적으로 삼아 싸우는 동안 잉글랜드인은 공통의 정체성과 애국심을 갖게 되었습니다. 성 게오르기우스 등 수호성인을 열렬히 숭배하는 분위기도 한몫했고, 대륙의 영토를 상실하면서 섬나라로서 국경선이 확정된 국민국가가 되어 갔던 것입니다. 이 국민국가를 대표하고 책임지는 것은 물론 왕과 의회였습니다.

그러는 사이 상류계급이 일반적으로 사용하던 프랑스어는 쇠퇴했습니다. 초등교육 과정에서도 프랑스어가 빠졌고, 가정에서도 프랑스어 교육이 사라졌습니다. 의회 토론과 회의록 작성에도 프랑스어 대신 영어가 쓰였고, 법정의 변호와 판결에도 의무적으로 영어를 쓰도록 했습니다.

---

*   백년전쟁 후반기에 프랑스 내에서 아르마냐크파와 세력을 다툰 친잉글랜드적 귀족 계파.

장미전쟁 — 끝없는 살육

백년전쟁이 끝난 1453년, 헨리 6세의 왕비 마거릿이 아들을 낳아 에드워드라는 이름을 붙여 줍니다. 마거릿은 믿음직스럽지 못한 남편을 우습게 여기는 한편, 많은 귀족들로부터 '랭커스터가의 우두머리'로 추앙받았습니다. 그즈음 정신이 불안정하던 헨리 6세의 섭정을 맡은 요크 공작 리처드가 반란을 일으킵니다. 그는 '사생아'라는 소문이 도는 마거릿의 아들보다는 에드워드 3세의 피를 물려받은 자신이 왕위에 오를 자격이 있다고 주장했습니다.

리처드를 옹호하는 요크파는 결속을 다지면서 워릭 백작 리처드 네빌Richard Neville을 중심으로 단결합니다. 전국 스무 개 샤이어에 씨족 수백을 거느리던 워릭 백작의 요크파는 백장미, 그와 대립하던 왕비 마거릿의 국왕파(랭커스터파)는 빨간 장미가 상징(랭커스터파의 빨간 장미는 실제로 전쟁이 끝난 다음에 도입된 문장)이었기 때문에 1455년 이후 30년에 걸쳐 두 파가 벌인 왕위 쟁탈전을 '장미전쟁'이라고 부릅니다. 요크파는 "헨리 6세의 왕위는 요크 공작의 적자嫡子 에드워드가 이어야 하고, 곤트의 존의 자손(에드워드 왕자)이 왕이 되어서는 안 된다"고 주장했습니다.

처음에는 요크파가 승기를 잡았지만 여장부 마거릿이 반격에 나섰습니다. 목숨을 건진 요크파는 뿔뿔이 흩어졌습니다. 게다가 의회가 요크파의 지도자를 반역자로 선포했기 때문에 워릭 백작은 요크 공작의 아들 에드워드를 데리고 프랑스 칼레로 달아났습니다.

승리를 거둔 마거릿은 요크파를 철저하게 색출해 대대적으로 처형했습니다. 그러나 승리의 축배를 든 지 겨우 반년 만에 랭커스터파가 열세에 몰리자 배신자가 속출했습니다. 1460년 6월에 프랑스에서 돌아온 워릭 백작이 요크파를 다시 모아 노샘프턴에서 랭커스터군을 크게 물리쳤고, 헨리 6세는 사후 아들의 왕위 계승권을 포기했습니다.

그 후에도 엎치락뒤치락하는 상황이 이어졌습니다. 그해 12월에 요크 공작 리처드가 랭커스터파에 피살되고 그의 아들이 에드워드 4세(재위 1461~1470, 1471~1483)로 왕위에 올랐습니다. 헨리 6세는 스코틀랜드로 망명했습니다. 맹우盟友였던 에드워드 4세와 워릭 백작이 대립하는 가운데, 헨리 6세가 런던탑에 갇혔고 왕비 마거릿은 체포되었으며 아들인 에드워드 왕자도 살해되었습니다. 에드워드 4세가 사망하자 당시 열두 살이었던 아들 에드워드 5세(재위 1483)와 동생 요크 공작 리처드가 런던탑에 갇히고 그들의 악랄한 숙부인 리처드 3세(재위 1483~1485)가 즉위하는 등 실로 살벌하고 어지러운 사태가 이어졌습니다. 그러는 사이에 요크가와 랭커스터가 및 그들을 지지한 귀족 집안은 엄청난 참살과 처형에 휘말렸습니다.

요크가 내부에서도 피비린내 나는 정쟁이 벌어졌고, 무고한 사람도 아무렇지 않게 처형했습니다. '왕위를 안정시키기 위해' 조금이라도 왕위 계승의 권리가 있으면 당사자와 그의 일족을 절멸시키고 말겠다는 천인공노할 만행을 벌인 것입니다.

그러던 중 곤트의 존의 증손녀인 마거릿 보퍼트와 리치먼드 백작 에드먼드 튜더 사이에서 태어난 헨리 튜더Henry Tudor가 망명지인 브르타뉴에서 돌아왔습니다. 그는 1485년 보스워스 전투에서 리처드 3세를 물리쳤습니다. 그리고 헨리 7세(재위 1485~1509)로서 왕위에 올라 새로이 튜더 왕조를 열었습니다. 이듬해 헨리 7세가 에드워드 4세의 딸 엘리자베스와 결혼함으로써 드디어 요크가와 랭커스터가의 결합이 이루어졌습니다.

　　요크파는 이에 불만을 품고 반란을 일으켰습니다. 램버트 심널 Lambert Simnel이라는 소년을 런던탑에 갇힌 워릭 백작(에드워드 4세의 조카)으로 내세워 왕위를 차지하기 위해 아일랜드에서 세력을 모았지요. 1487년 6월 스토크 필드 전투에서 요크파가 전멸함으로써 30년 넘게 이어진 장미전쟁은 이윽고 종말을 맞았습니다.

　　장미전쟁은 영국 역사상 가장 긴 내란이었습니다. 에드워드 3세 시대에 83개였던 대귀족 가문이 장미전쟁 이후 29개로 격감하면서 거의 뿌리가 뽑혔습니다. 그에 따라 왕위 계승권을 주장하는 사람도 줄어들어 왕권을 안정적으로 유지할 수 있었습니다. 그리고 왕과 중소 귀족, 그리고 일반 국민을 서로 결속해 주는 새로운 국가제도가 활발하게 만들어졌습니다.

　　내전 당시 대귀족끼리 벌인 엄청난 사투가 일반 민중과 별 상관없는 딴 세상의 일이었다는 점이 프랑스와 가장 다른 특징입니다. 농민과 도시민이 살육당하거나 건물이 파괴되는 일이 없었던 것입니다. 그 결과 젠트리나 요먼 계층이 대두했습니다.

- 15세기 국왕 재판소(성실법정)

헨리 7세는 대귀족에게 의존하지 않기 위해 국왕 평의회를 강화했고(국왕의 최측근으로 구성해 왕이 권리를 행사했으며 지방을 직접 지배할 때 중개자가 되었습니다.) 이를 중심으로 성직자, 기사, 법조인, 상인 들을 관료로 뽑아 능력에 따라 정치에 기용했습니다. 부당한 소송, 반란, 불법 집회 등을 심의하는 성실법정星室法廷을 재편함으로써 국왕의 권력도 강화했습니다.

한편으로 헨리 7세는 의회를 무시하지 않고 일곱 번이나 소집했습니다. 14세기 중반부터 제후들의 모임(귀족원)과 기사와 시민의 모임(서민원)은 따로따로 열리기 시작했는데, 15세기에 들어오면 서민원이 왕의 자금 조달 문제 등에 더 강한 입김을 발휘했습니다.

외교에도 능했던 헨리 7세는 스페인, 프랑스 등과 조약을 체결해 우호 관계를 다졌습니다. 이리하여 그와 헨리 8세 시대에 걸쳐 잉글랜드에는 절대왕정과 비슷한 강력한 왕권이 들어섰습니다.

도시의 상인과 기술자

앞에서 중세 후반에 젠트리와 요먼이 대두했다고 했는데, 그렇다면 도시의 상인과 기술자들은 어떠했을까요?

런던과 요크를 비롯한 대도시에는 일찍부터 자치제의 기초가 마련되어 있었습니다. 12~13세기 이후부터는 국왕, 백작, 사교 등 도시 영주로부터 자치권을 얻은 중소 도시에서 직접 시장을 선출하고 조세를 징수했으며 도시 재판소에서 재판을 진행했습니다. 다만 도시 재판소는 민사 사건과 사소한 형사 사건을 맡았고 중죄의 형사재판은 국왕 재판소 관할이었습니다.

도시의 주요 계층인 상인과 기술자는 조직을 꾸려 그것을 중심으로 도시 정치를 운영해 나갔습니다. 시장 이외에 도시 참사회參事會도 그들의 대표를 선출했습니다. 농촌에서 이주하는 사람들을 받아들이면서 도시 인구는 점점 늘어 갔습니다.

중세 후반 잉글랜드에는 약 100가지 직업이 있었다고 합니다. 많은 기술자들은 제품을 만들어 낼 뿐만 아니라 판매하는 소상인도 겸했습니다. 싸게 사서 비싸게 파는 중간상인이나 멀리 떨어진 곳을 무대로 수출과 수입에 관여하는 거상巨商도 있었습니다. 선박에 옷감, 직물, 향신료를 가득 싣고 바다를 오가는 그들은 부를 쌓을 기회도 많았지만 그만큼 위험을 감수해야 했습니다.

직물업자, 가죽 무두질 기술자, 구두 직공, 소목장이, 편자 기술자, 염색 직공, 금은 세공사 등 장인과 기술자 들은 도시에 공방을 차렸습니다. 이런 사람들이 모여 동직同職 길드와 비슷한 형제회를 결성했습니다. 다 함께 성인을 숭배하는 형제회는 상호부조와 더불어 정기적으로 연회를 여는 등 친목에 힘썼습니다. 수호성인의 축일에는 죄를 짓고 죽은 사람이나 회원 모두를 위한 미사를 드리는 한편, 기도와 오락 등 다양한 활동을 벌였습니다. 또 회원이 병들거나 빈궁할 때 힘을 모아 도와주었고, 개중에는 빈민을 위한 무료 의원을 갖춘 형제회도 있었습니다.

도시에 사는 같은 직종의 기술자나 상인의 모임인 동직 길드는 수공업과 상업의 사회적·경제적인 규제를 위해 설립했습니다. 길드는 거래 업종 규제, 외부인의 개입 배제, 작업 기술이나 제품의 품질 관리, 도제徒弟·직인職人·장인匠人의 권리와 의무 등 규칙을 정했습니다. 형제회와 마찬가지로 종교적인 성격도 있었습니다. 1300년 이전에도 동직 길드와 형제회가 있었지만 14~15세기야말로 황금기였습니다.

14세기 에드워드 3세 시대에는 수많은 도시가 자치도시로 발전했습니다. 시티(주교좌 도시)와 버러(의회 대표 선출 도시)를 막론하고 자유로운 자치도시가 되었고, 중앙 의회에 대변인을 보낼 수 있었습니다. 이들 도시는 셰리프(주 장관)를 거치지 않고 재무부에서 부과한 세금을 납입했는데, 14세기의 경제 불황과 페스트가 도시의 상업에도 타격을 입히는 바람에 작은 도시는 자치를 포기하고 자발적으로 셰리프의 지배 아래 들어가기도 했습니다.

에드워드 3세 말기에는 양모 수출이 줄어드는 대신 국내 모직물 공업이 발전함으로써 국외 여러 도시로 모직물을 수출하는 일이 늘었습니다. 이에 런던, 요크, 뉴캐슬 등에 모직물 수출을 독점하는 상인조합이 생겨났습니다. 또 14~15세기에는 도시 상인들이 농촌 수공업자들과 손잡고 선대제先貸制* 방식으로 수직물手織物을 생산하면서 수출이 몇 배나 늘었습니다. 이리하여 부유해진 도시 시민 계급은 지방의 젠트리와 비슷한 지위를 얻었습니다.

---

* 　상인 자본이 생산 과정을 통제하기 위해 독립 수공업자들에게 원료를 제공하고, 수공업자가 완제품을 만들면 수수료를 지불하는 방식으로 생산물을 확보하는 방식.

중세 잉글랜드 도시의 성격이 이탈리아나 프랑스와 전혀 다른 까닭은 앵글로색슨 시대 말부터 이미 행정 구역을 나누어 셰리프가 왕을 대리해 지역을 통치했기 때문입니다. 다시 말해 도시와 농촌의 처우가 크게 다르지 않았습니다. 시민계급은 중앙 조세 징수관의 직접적인 지배를 받지 않는다는 특징이 있었지만, 런던을 제외하면 농촌 주민과 사회적·문화적으로 별 차이가 없었습니다.

그 후 인구가 수십 내지 수백 명 정도인 아주 작은 도시(타운), 천 몇백에서 수천에 이르는 인구가 모여 지방 경제와 정치의 중심이 되는 주州 도시(카운티 타운), 인구 1만 명이 넘는 런던이나 요크 등의 대도시로 나뉘어 갑니다. 공업 도시, 조선造船 도시, 광천鑛泉 도시도 등장해 존재감을 드러냅니다.

왕실은 도시를 지배하는 충성스러운 젠트리의 과두정치*를 지지하며 재정적으로나 군사적으로 필요할 때 도시의 특권을 침해했습니다. 그렇기 때문에 영국의 자치제는 이탈리아나 프랑스만큼 발전하지 못했습니다.

로빈 후드 전설

영국 전설 가운데 아서왕 전설과 나란히 가장 널리 알려진 것은 로빈 후드Robin Hood 전설일 것입니다. 아서왕이 왕과 제후 귀족의

---

* 소수의 사람이나 집단이 사회의 정치적·경제적 권력을 독점하고 행사하는 정치.

모범이 되었다면, 로빈 후드는 민중의 영웅이었습니다.

오늘날 우리가 알고 있는 로빈 후드의 이미지는 중세 전설에 나오는 무법자와 상당히 다를지도 모릅니다. 요즘에 언급되는 전설은 16~17세기 극작가가 지어낸 것인 반면, 중세에 널리 퍼진 전설은 떠돌이 음유시인인 민스트럴minstrel이 노래한 구전문학으로서 갖가지 발라드(운문으로 된 서사)로 남아 있습니다. 전설의 기원은 알 수 없지만 아마도 14세기 전반에 생겨난 듯합니다.

다수의 초기 판본을 보면 반스데일Barnsdale 숲에서 활동하던 무법자 무리를 모델로 삼았을 것이라는 상상이 가능합니다. 중세 말 발라드를 들은 민중이 보기에 로빈 후드는 새로운 영웅이었습니다. 낡은 궁정 서사에 나오는 영웅 기사가 아니라 벼슬도 없고 영지도 없는 '요먼'이자 도적을 이끄는 우두머리이면서도 귀족의 미덕과 품격까지 갖춘 인물이었던 것이지요.

중앙 권력의 비호 아래 지방 행정의 부패가 만연할 때 훌륭한 도적이 악을 다스리고 정의를 실현하는 모습에 민중은 갈채를 보냈을 것입니다. 맨 처음에는 서민이, 15세기에는 젠트리나 귀족, 나아가 국왕까지도 로빈 후드 이야기에 열광했습니다.

초기(15세기) 이야기에서는 요먼 출신의 무법자 로빈 후드가 숲속에서 동료들과 함께 손님을 맞이합니다. 어떤 기사(리처드)를 '손님'으로 모셔 식사를 권하는 등 환대하는 듯하다가 결국 도적의 본성을 드러내며 돈을 요구하지요. 그런데 기사가 "나는 기마 창 시합에서 상대방이 죽는 바람에 쫓기는 몸이 되었고 빚도 있소." 하

- 산림 감독관을 혼내 주는 로빈 후드

고 신상을 털어놓자, 의협심 강한 로빈 후드는 400파운드를 빌려주
는 것은 물론 으리으리한 기사 복장을 입히고 하인까지 붙여 줍니
다. 이후 로빈 후드가 못된 관료와 대결하고, 붙잡힌 기사를 구출하
고, 변장한 왕과 만나고, 성대한 연회와 활 시합을 열고, 벼슬을 얻
어 궁정으로 들어가는 장면이 이어집니다.

　로빈 후드가 통쾌하게 무공을 세우는 모습은 젠트리부터 소작인
에 이르기까지 널리 인기를 얻었습니다. 그는 덕이 있는 관리에게
서 금품을 뺏는 것을 금지했고, 어디까지나 모든 사람이 적으로 여
기는 고위 성직자, 관료, 재판관 등 권위를 내세워 서민을 못살게
구는 자들만 공격했습니다. 한편 국왕을 깊이 존경하고 사랑한 로
빈 후드 무리는 왕권을 거스르지 않았습니다. 그저 산림법을 위반

했을 뿐입니다.

16세기에는 로빈 후드에 관한 연극이 새롭게 만들어졌습니다. '개 세 마리를 데리고 다니는 수도사'처럼 재미있고 기괴한 등장인물도 보태졌지요. 이 연극은 5월 축제 때 무대에 올랐습니다. 왕들도 이 축제를 즐기곤 했습니다. 특히 헨리 8세는 몇 번이나 로빈 후드로 분장해 활 솜씨를 뽐냈습니다. 근위병이 초록색 옷과 두건 차림의 로빈 후드 일행으로 변장하고 런던 교외의 숲에서 왕 일행을 접대하기도 했답니다. 헨리 8세의 딸 엘리자베스도 즉위 직전에 시녀 열두 명과 함께 초록색 옷을 입고 요면 스무 명과 더불어 런던 근교 숲으로 사슴 사냥을 나갔습니다. 그곳에서 노란색 모자를 쓰고 짙은 다홍색 장화를 신고 금박을 입힌 활을 가진 사수 쉰 명과 어울렸지요.

로빈 후드는 르네상스 시대의 왕과 제후, 귀족들의 우아한 연회에도 잘 적응했던 모양입니다. 그 뒤로도 극작가들은 로빈 후드 연극을 계속해서 새롭게 만들었습니다. 근대에는 시, 속요, 악극으로도 꾸며졌습니다. 십자군 원정에서 돌아온 리처드 1세는 노팅엄 성이 동생 존의 손아귀에 들어간 것을 보고 분노해 동생을 공격했는데, 그때 로빈 후드가 리처드를 섬겼다는 이야기도 있습니다.

영국 왕은 아서왕 전설을 이용해 자신이 귀족과 기사의 대표임을 드러내는 동시에 로빈 후드 전설과도 연관성을 찾아 서민의 대표라는 점도 과시했던 것이 아닐까요?

4장
절대주의의 확립과 르네상스

헨리 8세부터 제임스 1세까지
〔1509년~1625년〕

헨리 8세의 대외 정책

장미전쟁을 종결시킨 헨리 7세의 뒤를 이어 아들 헨리 8세(재위 1509~1547)가 즉위했습니다. 그는 사냥과 기마 창 시합을 비롯해 테니스, 레슬링, 양궁, 볼링, 포환던지기 등 스포츠에 두루 능했습니다. 라틴어와 프랑스어도 유창하게 구사했으며 음악도 작곡하는 등 명민하고 활동적인 왕이었습니다.

한편으로는 잔혹한 성격 때문에 비난을 사기도 했습니다. 여섯 명의 아내 중 두 명을 처형대로 보냈고, 대귀족과 고위 성직자는 재상 세 명을 포함해 쉰 명이나 사형시켰습니다. 실로 다혈질에 불같은 성미를 가진 왕이었습니다.

헨리 8세는 대륙의 강대국과 전쟁에 휘말렸습니다. 프랑스의 루이 12세와 우호 관계를 맺으면서 프랑스와 적대 관계에 있는 아라곤 왕과 조약을 체결하기도 하고, 교황청과 스페인, 신성로마제국이 연합한 '신성동맹'에 합류해 프랑스를 압박하는 자세를 드러내기도 했습니다.

1513년에는 스스로 군대를 이끌고 프랑스를 공격합니다. 이때 프랑스와 동맹 관계에 있던 스코틀랜드 왕 제임스 4세가 잉글랜드로 쳐들어왔지만 플로든 전투에서 격퇴시켰고, 제임스는 전사했습

- 헨리 8세

- 헨리 8세의 아내들. 왼쪽부터 시계 방향으로 첫 왕비 아라곤의 캐서린, 엘리자베스 1세의 어머니 앤 불린 (Anne Boleyn), 유일한 왕자 에드워드를 낳은 제인 시모어(Jane Seymour), 신교 국가인 클레베의 안나(Anna von Kleve), 헨리 8세가 '가시 없는 장미'라고 부른 캐서린 하워드(Catherine Howard), 마지막 아내 캐서린 파 (Catherine Parr). 앤 불린과 캐서린 하워드는 헨리 8세에 의해 처형당했다.

니다. 이후 헨리 8세는 재정 악화로 프랑스와 화평을 맺기로 하고, 누이 메리를 프랑스 왕 루이 12세와 혼인시킵니다.

루이 12세가 금세 죽고 프랑수아 1세가 왕위를 잇자 양국의 우호 관계는 한층 더 돈독해졌습니다. 1520년에 양국은 칼레 근교의 잉글랜드령인 금란 평원Field of the Cloth of Gold에서 현란하고 호화로운 축연 가운데 회담을 가졌습니다. 하지만 얼마 되지 않아 신성로마제국 황제이자 스페인 국왕인 카를 5세가 프랑스와 교전을 벌였고, 카를을 지원한 헨리 8세가 북프랑스를 침입했습니다. 이렇게 양국의 관계가 틀어지자 헨리 8세는 1525년에 프랑스와 강화조약을 맺었습니다.

한편으로는 웨일스법(1535~1542)을 재정하고 그에 따라 웨일스 공국을 해체해 잉글랜드 행정구역으로 재편했습니다. 이렇게 해서 헨리 8세는 스스로 최초의 웨일스 왕(에드워드 1세 이래 사용한 '프린스 오브 웨일스' 칭호는 '왕'이 아니라 '대공'을 의미합니다.)이 되었습니다. 1542년에는 '아일랜드 영주'Lord of Ireland에서 '아일랜드 왕'King of Ireland으로 자신의 칭호를 바꾸고 아일랜드왕국을 확립했습니다.

이때부터 다른 나라에 영어를 공용어로 사용하도록 강요하는 일이 시작되었고, 영국이 제국주의적으로 확장하면서 이러한 경향이 온 세계로 퍼졌습니다.

잉글랜드 국교회의 탄생

왕비 캐서린에게서 아들을 보지 못해 초조해진 헨리 8세는 궁녀 앤 불린을 왕비로 들이기 위해 첫 번째 혼인을 무효화하려고 했습니다. 그러나 캐서린의 강한 반발에 부딪쳤고, 로마 교황청에 제출한 혼인 무효 청원은 받아들여지지 않았습니다. 결국 헨리 8세는 의회를 이용해 자신의 뜻을 이룸으로써 교황과 철저히 대립합니다.

추기경이자 대법관이었던 총신 토머스 울지Thomas Wolsey가 기대에 부응하지 못하자, 헨리 8세는 1529년에 토머스 모어Thomas More를 대법관으로 기용하고 토머스 크롬웰Thomas Cromwell을 보좌관에 임명합니다. 토머스 모어는 공상 사회소설 『유토피아』로 유명하고, 토머스 크롬웰은 왕권 확립에 공이 큰 인물이지요. 두 사람 다 헨리 8세에 의해 처형당하는 비운을 맞이합니다.

헨리 8세는 1529년부터 의회를 열어 로마 교황청과 관계를 단절하고, 1533년에 자신이 임명한 캔터베리 대주교로부터 혼인 무효 승인을 받아 냈습니다. 또 상고 금지령을 발포해 소송 마지막 단계에 로마 교황에 상고하던 절차를 없앴습니다. 또한 성직자도 잉글랜드 왕의 재판소에서 재판을 받도록 했습니다.

1534년에는 수장령Act of Supremacy을 공포하여 자신이 잉글랜드 교회의 유일한 수장이 됨으로써 종교개혁을 실현합니다. 다시 말해 잉글랜드에서는 국왕이 교황과 관계를 끊고 잉글랜드 국교회(영국 국교회)를 성립했을 뿐 아니라 스스로 수장 자리에 오르는 종교계의 대변혁이 일어난 것입니다. 더욱이 왕은 순례지 대부분을 파괴하고 수도원을 해산했으며 수도원 소유의 토지를 몰수했습니다. 이제 수도원은 매너 하우스가 되었고 갈 곳을 잃은 수도사는 연금을 받고 결혼하기도 했습니다.

광대한 수도원 영지를 몰수한 헨리 8세는 그 땅을 팔아 해안에 있는 몇몇 성채를 사들이고 왕권의 기반을 구축했습니다. 수도원 땅을 사들인 것은 신흥 젠트리 계층이었습니다. 이들은 토지 영주로 부상했고, 치안판사를 맡는 등 지방 행정과 재판을 담당하게 되었습니다.

교황과 단절하고 종교개혁을 이루어 냈다고 해서 영국인의 신앙이 금세 두드러지게 변한 것은 아닙니다. 독일의 루터나 프랑스 칼뱅의 종교개혁과는 달리, 가톨릭이라는 종교가 변한 것이 아니라 정치적으로 독립한 것이라고 평가할 수 있겠습니다. 그렇지만 이 사건은 영국인의 집합적 기억을 크게 바꿔 놓았습니다. 이후 영국인은 지나가 버린 행복한 시기, 이른바 메리 잉글랜드Merry England(산업혁명 이전 중세의 목가적인 시대)에 깊은 향수를 품게 되었습니다. 16세기 잉글랜드는 역사의식을 새롭게 형성하면서 위기를 극복해 냈다는 생각이 듭니다.

잉글랜드의 종교는 서서히 가톨릭과 달라집니다. 1545년에는 라틴어가 아닌 영어를 예배 언어로 정했습니다. 헨리 8세의 세 번째 아내인 제인 시모어에게서 태어난 에드워드 6세(재위 1547~1553)는 예배 의식을 더욱 근본적으로 변혁했습니다. 그는 주제단主祭壇, 예수상과 성인상, 성물 상자, 성직자의 제복, 예배당 내부 장식, 촛불, 향 등을 없애고, 챈트리chantry*를 철거했으며, 형제회와 길드를 폐지했습니다. 성인 숭배, 묵주 사용, 죽은 자의 영혼을 위한 기도 등도 금지했습니다.

헨리 8세는 만년에 스코틀랜드, 프랑스와 전쟁을 벌였습니다. 스코틀랜드에는 승리했지만 프랑스와의 전쟁에서는 신성로마제국의 카를 5세와 맺은 연대가 깨져 고전했습니다. 건강도 점점 나빠진 그는 결국 1547년에 세상을 떠납니다.

'헨리 8세는 잔인한 폭군으로 정신 상태가 정상이 아니었다'는

---

* 개인이 헌금을 내어 사후 자신을 위한 기도를 바치도록 지은 예배당.

설도 있지만, 후대 영국사의 진로를 결정했다는 점은 인정할 만하며 오늘날에도 인기가 있습니다. 그는 의회를 중시하고 활용해 과세 제도를 재편하고 왕 중심의 통치 체제를 확립했습니다.

이 시대에는 귀족 세력이 쇠퇴하는 가운데 귀족원 중심이던 의회에서 독립한 서민원이 코먼로에 기초해 현안을 심의하고 입법을 추진하는 기능을 담당하기 시작했습니다. 종교개혁 당시 의회를 통해 왕은 어떤 강권도 의회의 승인 없이 발동할 수 없다는 점도 확인했습니다. 국민은 어느 계층이든 국왕 제도 자체에는 불신과 불만을 품지 않았고, 왕이 제대로 나라를 지키고 백성을 살펴 주기만 한다면 자유분방한 소행도 눈감아 주었습니다.

수장령과 예배 통일령

요절한 에드워드 6세의 뒤를 이은 것은 헨리 8세와 첫 왕비 캐서린 사이에서 태어난 딸 메리였습니다. **메리 1세**(재위 1553~1558)는 가톨릭 신자였기 때문에 아버지의 종교개혁을 부정하고 로마 교황의 지상권을 부활시켰습니다. 그리고 잉글랜드 사상 최초의 '여왕'이었던(정식 군주로 인정하지 않는 역사가도 많은) 제인 그레이Jane Grey를 비롯해 프로테스탄트(종교개혁에 의해 가톨릭에서 분리된 신교도)를 주도하던 캔터베리 대주교, 런던 주교, 우스터 주교, 옥스퍼드대학과 케임브리지대학의 신학자, 성서 영어 번역자 등 도합 300여 명이나 런던탑으로 보내 처형했습니다.

- 에드워드 6세 사후, 정쟁에 휘말려 16세에 즉위한 제인 그레이는 겨우 9일 만에 메리에 의해 폐위, 처형당했다.

이렇듯 잔혹한 성정 때문에 사람들은 그녀를 '피비린내 나는 메리'Bloody Mary라고 부르며 두려워했습니다. 스페인 혈통을 물려받은 그녀는 스페인 왕자 펠리페Felipe(펠리페 2세)와 결혼했지만 4년 뒤 대를 이을 자녀 없이 죽었습니다.

그 뒤에 즉위한 인물이 헨리 8세의 두 번째 아내 앤 불린의 딸 엘리자베스 1세Elizabeth I(재위 1558~1603)였습니다. 간통 혐의로 처형당한 어머니 때문에 공주 칭호를 잃고 왕위 계승권도 박탈당했지만, 1543년 제3차 승계법에 따라 권리를 회복했습니다.

당초 여왕은 가톨릭과 프로테스탄트의 타협을 꾀했습니다. 아버지가 제정한 수장령을 수정하고, 예배는 잉글랜드 국교회의 방식을 채용하는 대신 교회 제도는 주교제를 유지하는 가톨릭의 전통으로 돌아가도록 했습니다.

하지만 결국에는 프로테스탄트를 중심으로 왕권을 다져 나갑니다. 엘리자베스 1세는 1559년에 수장령을 정비해 새로이 공포했습니다. 왕에 대한 국교회의 호칭을 '수장'Supreme Head이 아니라 여왕 자신도 거부감이 덜한 '최고 통치자'Supreme Governor로 바꾸고, 잉글랜드의 모든 관리에게 국왕에 대한 충성을 서약하는 의무를 부과했습니다.

이와 함께 '예배 통일령'을 제출해 국교회 예배에서 공통 기도서를 사용하도록 했습니다. 1549년에 에드워드 6세가 처음 제정하고 1552년에 개정해 공포했으나, 가톨릭으로 복귀한 메리 1세가 철폐한 법령입니다. 엘리자베스 1세는 1559년에 통일령을 새롭게 발포하고 기도서를 개정했습니다. 정해진 형식에 따라 축일 전례典禮*와 일요일 미사를 집행하도록 명하고, 성직자의 복장도 규정함으로써 예배의 독자적인 색깔을 강화해 갔습니다.

1563년에는 캔터베리 대주교 매슈 파커Matthew Parker가 잉글랜드 국교회의 교의를 핵심적으로 제시한 「39개조 신앙고백」을 만들었습니다. 주교 회의가 이것을 검토하고 상하원이 수정해 가결했습

---

* 교의 또는 관례에 따라 규정된 공적 장소에서 드리는 예배 의식.

니다. 여기에는 프로테스탄트의 여러 종파가 미친 다양한 영향이 담겨 있습니다.

이리하여 엘리자베스 1세의 종교 정책은 명백하게 프로테스탄트 쪽으로 기울어 갑니다. 가톨릭 수장으로서의 로마 교황권을 부정하는 한편 성화와 성상 숭배를 '우상 숭배'로 간주해 배격합니다. 프로테스탄트의 설교도 정기적으로 이루어졌고, 프랑스(와 스페인)를 적대국으로 규정하는 움직임과 더불어 가톨릭을 '적'으로 여기는 풍조가 만연합니다.

다만 '프로테스탄트'라고 해도 세속적이고 정치적인 잉글랜드 특유의 종교였습니다. 따라서 잉글랜드 국교회는 가톨릭과도 청교도(주로 칼뱅파)와도 대립했습니다. 북쪽에 인접한 스코틀랜드에서는 잉글랜드와 달리 장로파(청교도의 한 종파로서 목사와 신도 대표인 장로가 평등하게 교회를 통치하는 제도) 교회가 성립했고, 이것은 현재까지도 명맥을 유지하고 있습니다.

엘리자베스 왕조의 르네상스

엘리자베스 1세는 종교적으로 국교회를 확립하고, 정치적으로 선대에서 시작한 절대주의를 완성시켰으며, 외교적으로 화려한 해외 진출을 이루어 냈습니다. 그러나 오늘날 그녀의 명성을 가장 빛내는 것은 문화적으로 르네상스의 꽃을 피웠다는 평가입니다.

여왕의 어머니 앤 불린은 1536년 간통 혐의로 고발당했고 가까운 몇몇 귀족 청년과 함께 처형당했습니다. 그러나 헨리 8세의 마지막 계비인 캐서린 파가 친자식이 아닌 에드워드와 엘리자베스에게도 최상의 교육을 베풀어 준 덕분에 여왕은 충분히 교양을 쌓을 수 있었습니다. 라틴어, 그리스어, 프랑스어, 이탈리아어를 뛰어나게 구사한 그녀는 통역 없이 각국의 사절과 대화를 나누어 존경받았다고 합니다. 엘리자베스 1세 시대에는 궁정을 중심으로 문화의 황금기를 맞이했고, 여왕은 그에 어울리는 호화로운 의상을 입고 공식 석상에 나타났습니다.

여기에서 이른바 영국 르네상스가 빚어낸 성과를 살펴봅시다. 헨리 8세 시대에 활약한 유명한 인문주의자로 앞서 얘기한 토머스 모어(1478~1535)가 있습니다. 그는 법률학뿐 아니라 고전 연구에도 일가견이 있어 왕의 신망이 두터웠습니다. 대법관의 자리에 오른 그는 왕의 혼인 무효화에 끝까지 반대하는 바람에 런던탑에 갇혀 처형당했습니다. 그는 뛰어난 저작 『유토피아』(1516) 1부에서 폭군 또는 사유재산 때문에 빚어지는 사회의 해악을 논하고, 2부에서는 종교적 관용, 여섯 시간 노동, 공산제, 남녀의 평등한 교육 등으로 사회적 해악이 없는 이상향을 표현했습니다. 이것은 후대 유토피아 문학의 모범이 되었고, 사회주의 사상에도 영향을 미쳤습니다.

엘리자베스 시대에는 유랑 연예단의 가설무대를 대신해 상설 극장을 짓기 시작했습니다. 런던에만 열 군데 이상 극장이 들어섰고, 전속 단원을 고용해 연극이 대단히 번성했습니다. 엘리자베스와 그다음 왕인 제임스 1세 시대에는 엄청난 극작가들의 활약이 두드러집니다.

- 엘리자베스 1세

그중 가장 유명한 인물이 윌리엄 셰익스피어(1564~1616)입니다.

셰익스피어의 작품에는 거의 대부분 왕이 등장할 뿐 아니라, 왕이 주인공인 작품도 많습니다. 왕을 신격화하기에 바빴던 시대에 쓰인 그의 작품들에는 보편적인 왕의 관념에 대한 의혹이 짙게 반영되어 있습니다.

정통성이 있는 왕으로부터 왕관을 빼앗은 왕은 망령에 시달리며 밤에도 잠들지 못하고 괴로워하거나 귀족들의 반란 때문에 골치를 앓습니다. 셰익스피어의 작품 『헨리 8세』(1613)에서는 왕이 위대한 인물로서 빛나는 존재감을 드러내지만 그의 성격은 여러 의미로 애매모호합니다. 그와 대조적으로 당시 갓난아기였던 엘리자베스는 나중에 왕위에 올라 찬란한 치세를 베풀 것임이 마지막에 암시됩니다. 셰익스피어가 엘리자베스 시대를 이상적으로 생각했다는 사실을 엿볼 수 있지요.

그와 동년배인 작가 크리스토퍼 말로(1564~1593)도 있습니다. 29세에 칼에 찔려 요절했기 때문에 작품 수는 적지만 걸작을 남겼습니다. 티무르Timur*의 생애에서 소재를 가져온 희곡 『탬벌레인 대왕』(1587)은 잔인무도하게 영토를 확장하고 권력을 얻지만 가장 사랑했던 여인이 죽자 세상사의 허무함을 통감하고 죽는 권력자의 이야기입니다. 파우스트 전설을 바탕으로 한 『포스터스 박사』(1592)는 학문적인 한계에 부딪친 포스터스가 악마 메피스토펠레스

---

*　14세기 후반 중앙아시아의 방대한 대륙을 정복하고 대제국을 건설한 티무르 왕조의 첫 황제.

와 계약을 맺고 쾌락의 나날을 보내다가 결국에는 지옥으로 떨어지는 비참한 결말을 맞이하는 비극 작품입니다.

셰익스피어보다 조금 나중에 태어난 시인이자 극작가인 벤 존슨(1572~1637)은 유명한 고전학자이기도 합니다. 특히 『십인십색』Every Man in His Humour(1598)이나 『볼포네』(1606), 『연금술사』(1610) 같은 뛰어난 희극으로 유명합니다. 그는 기질 희극comedy of humours이라는 장르를 고안해, 시민들의 어리석으면서도 탐욕스러운 성격과 생활을 가차 없이 까밝혀 묘사했습니다. 고전적인 규범을 고집하느라 인물의 성격이 틀에 박혀 있고 현실감이 없다는 비판도 받지만 풍자만큼은 탁월합니다.

16세기 말부터 17세기에 걸쳐 엘리자베스 여왕을 신격화하는 신화적 세계가 만들어졌다는 사실도 주목할 만합니다. 에드먼드 스펜서(1552?~1599)의 『선녀여왕』The Faerie Queen(1590)이라는 작품이 대표적인데, 요정의 세계를 통해 도덕적인 비유와 풍자를 표현했습니다. 그리고 엘리자베스 여왕을 '요정의 여왕' 글로리아나(혹은 2권에 등장하는 아름다움의 화신 벨피비)에 빗댑니다.

왕궁과 귀족의 저택에 딸린 이 시대의 정원도 르네상스 문화의 소우주였습니다. 그 안에서 격식과 예술성이 풍부한 기하학적 디자인이 아름다움의 경연을 벌였습니다.

해적 여왕

엘리자베스 시대에는 한 가지 더 특별한 이야깃거리가 있습니다. 영국은 대항해 시대에 스페인과 포르투갈보다 한 발 늦게 신세계 개척에 뛰어들었지만, 워낙 해군의 힘이 강해져 곧바로 이들을 앞질렀습니다. 그런데 해군의 힘을 떠받치는 주요한 세력은 사적인 '해적'이었습니다. 해적이 대활약을 펼친 것은 16세기 후반부터 17세기 초반까지입니다.

잉글랜드 정부와 국왕은 해적 행위 가운데 '사략私掠* 활동을 인정해 주었습니다. 왕은 해적의 규모가 확대되어도 묵인하면서 개인들이 멋대로 해적질을 하니 어쩔 수 없다는 식으로 공적인 책임을 회피했습니다. 그러나 실제로는 해적 행위가 국가의 정책이었다고 해도 무방할 정도입니다.

해적은 유럽 각국이 채용한 수단이기도 했지만, 대부분은 반정부 세력의 지원을 받았습니다. 상업 단체의 후원을 받기도 했습니다. 잉글랜드의 경우에는 실로 국가가 나서서 해적을 공인해 주었을 뿐 아니라 빈번하고도 활발하게 해적 활동에 나섰다는 점이 특징입니다. 특히 엘리자베스 1세 시대는 스페인에 대항할 정도로 해적이 힘을 키운 전성기였습니다.

제독이자 해적인 프랜시스 드레이크Francis Drake(1540?~1596)는

---

*   정부를 대신해 민간의 무장 선박이 적국 선박과 교전하거나 상대를 나포하는 행위.

대서양에서 스페인 선박을 몇 차례나 습격했습니다. 1577년부터 1580년 사이에는 태평양으로 진출해 스페인 식민지에서 싣고 온 금은보화를 사정없이 약탈했습니다. 엘리자베스 여왕은 이를 알고도 눈감아 주었습니다.

그 후 스페인의 지배와 가톨릭 강요에 반발한 프로테스탄트 국가 네덜란드가 잉글랜드에 도움을 요청했습니다. 여왕은 드디어 1585년에 네덜란드를 돕기 위해 군대를 파견합니다. 스페인의 펠리페 2세(메리 1세의 전남편)는 잉글랜드를 침략하려는 계획을 세웠지만, 1587년에 카디스 만에서 드레이크와 맞붙어 도리어 박살이 나고 말았습니다.

'아르마다'Armada(무적함대)라고 불리던 스페인 함대 130여 척은 1588년에 드레이크가 뒤쪽에서 불시에 급습해 포화를 퍼붓자 대혼란에 빠져 허둥지둥했습니다. 스코틀랜드 주변을 북상하던 아르마다는 거센 폭풍에 휘말려 배를 50척 넘게 잃고 맙니다. 그 후 해상 지배권은 스페인에서 잉글랜드로 넘어가고, 잉글랜드가 북아메리카 식민지까지 경영하기에 이릅니다.

바다에서 벌어진 이러한 일들을 나라의 공적인 사업이라고만 말할 수는 없다는 점이 흥미롭습니다. 사적인 해적 행위가 나라에 크게 기여한 상황, 말하자면 공사公私가 섞인 형태의 사업이었습니다. 이러한 사정 때문에 적국 스페인은 엘리자베스 여왕을 '해적'이라고 비난했고, 다른 나라들도 스페인을 따라 똑같이 비난했습니다. 다만 잉글랜드는 스스로 "우리 여왕 폐하는 해적!"이라며 자랑스럽게 외쳤습니다. 프랜시스 드레이크는 '여왕의 어용 해적'으로 불렸습니다. 국가의 정직 해군을 대체한 '사략'은 부진한 무역을 보완하는 수단이기도 했습니다.

　이후 전쟁 형태가 바뀌면서 사략은 역사의 뒤안길로 사라졌습니다. 1649년에 올리버 크롬웰Oliver Cromwell(1599~1658)의 공화제 시대가 들어서면서 잉글랜드 해군이 '상비군'으로서 본격적으로 성립합니다.

　한편, 엘리자베스 1세는 잉글랜드 국교회를 확립하는 동시에 경제에 정통한 중산계급 출신 정치가를 대거 등용해 나라가 번영하도록 이끌었습니다. 특히 윌리엄 세실William Cecil(1520~1598)은 40년 동안이나 국무 대신, 재무 대신 등을 역임하며 여왕을 섬겼습니다.

　잉글랜드는 해적을 외교에 이용해 프랑스와 스페인의 압박을 물리쳤지만, 전쟁을 거듭하며 서서히 부담이 가중되어 수시로 경제적 위기에 부딪쳤습니다. 가난한 사람은 점점 더 가난해졌고 흉작과 질병에 시달렸습니다. 도시에는 부랑자와 실업자가 넘쳐났습니다. 그래서 '구빈법'이 제정되어 19세기까지 지속됩니다. 이것이 화려한 엘리자베스 시대의 그늘입니다.

잉글랜드와 스코틀랜드

이 시대에 잉글랜드와 스코틀랜드의 관계는 어떠했을까요? 두 나라는 오랫동안 조용히 공존했습니다. 그런데 튜더 왕조의 잉글랜드가 절대왕정으로 나아가 종교를 왕의 발아래 두려고 하자 평온했던 관계는 틀어집니다. 두 나라는 서로 약탈하고 살육을 자행하면서 반목이 깊어졌습니다.

스코틀랜드의 프로테스탄트 세력이 가톨릭을 지지하는 여왕 메리 스튜어트Mary Stuart(재위 1543~1567)에 대항해 반란을 일으키자 엘리자베스 1세와 그녀를 지지하는 재상 윌리엄 세실은 그 틈을 놓칠세라 스코틀랜드 남부를 침입해 점령합니다. 스코틀랜드를 두고 싸움을 벌이던 잉글랜드군과 프랑스군은 1560년 7월의 에든버러 조약을 통해 스코틀랜드에서 동시에 물러났고, 종교적인 내란도 가라앉았습니다.

이렇게 해서 13세기부터 이어진 스코틀랜드와 프랑스의 오랜 동맹은 깨집니다. 로마 교황의 권위를 부정하고 라틴어로 거행하는 미사도 금지하는 등 스코틀랜드에서 가톨릭의 영향이 대폭 약해집니다. 16세기 중반에는 칼뱅파와 비슷하게 존 녹스John Knox(1513?~1572)를 중심으로 장로파가 대두해 스코틀랜드 국교회를 만듭니다. 이렇게 스코틀랜드는 드디어 본격적으로 프로테스탄트의 길로 나아갔습니다.

이후에도 스코틀랜드와 잉글랜드는 때로 창과 활을 겨누었는데, 왕위 계승의 우연성에 의해 1603년에 공통의 국왕이 등극합니다.

악마학자 제임스 1세

1603년 엘리자베스 여왕이 세상을 떠나자 그녀가 처형한 스코틀랜드 여왕 메리 스튜어트의 아들 **제임스 1세**(재위 1603~1625)가 왕관을 씁니다. 이것이 스튜어트 왕조의 시작입니다. 스코틀랜드의 왕(제임스 6세, 1567~1625)이 잉글랜드의 왕이 된 것입니다.

이로써 처음으로 잉글랜드, 스코틀랜드, 아일랜드 세 나라를 같은 국왕이 다스렸습니다. 세 나라는 같은 군주를 섬기는 연합왕국이 되었는데, 이것이 18세기에 이루어질 통일의 이정표라는 평가를 받습니다. 그러나 세 나라는 역사도 달랐고, 스코틀랜드는 프로테스탄트 중에서도 장로파(칼뱅파), 잉글랜드는 잉글랜드 국교회, 아일랜드는 가톨릭 등으로 종교도 달랐습니다.

제임스 1세는 장로파와 잉글랜드 국교회 중 어느 한쪽으로 통일하지 못하고 병존하게 두었는데, 이 처사에 가톨릭 세력이 배신감을 느꼈습니다. 제임스 1세가 즉위하고 2년이 지난 1605년에 가이 포크스Guy Fawkes(1570~1606)가 이끄는 가톨릭 과격파가 의회 개회식에 맞추어 왕과 그 주변 인물, 그리고 프로테스탄트 귀족을 소탕하려는 계획을 세웠습니다. 그러나 실행을 몇 시간 앞두고 배신자가 밀고하는 바람에 음모가 들통났습니다.

제임스 1세는 왕권신수설을 강하게 신봉했기 때문에 의회와 대립했습니다. 1609년 의회 연설에서는 "왕은 지상에서 신과 비슷한 권력을 가졌으니 신으로 불릴 만하다"고까지 말했습니다. 그 뒤로도 의회 연설과 하원에 보내는 편지, 또 자신이 쓴 책에서 반복적으로 같은 주장을 고집했습니다. 이를테면 "아무리 위대한 인간일지라도 왕에게 복종해야 하며, 영혼의 구원을 위한 것이든 재산과 생명을 지키기 위한 것이든 지고의 권력을 지닌 왕과 맞서 왕의 뜻을 거슬러서는 안 된다"고 하거나 "왕은 생사여탈의 권리, 백성을 만들고 버리는 취사선택의 권리를 갖고 있으며, 오로지 신에 대해서만 책임을 진다"고 했습니다. 왕은 의회를 자기 아래에 두고 법률과 제도의 특권 위에 군림하려고 했던 것입니다.

그러나 의회는 왕의 영지에서 거둔 지대 수입을 왕실에 납부하지 않겠다고 하는 등 슬쩍 협박을 내비치면서 저항했습니다. 당시 의회의 주체는 젠트리와 기사 세력이었고, 의원들은 의회와 도시의 자유가 제한당하는 것을 원하지 않았기 때문입니다.

한편 제임스 1세는 '악마학자'이기도 했습니다. 그는 칼뱅파의 가르침을 배우는 동시에 프랑스 악마학자 장 보댕Jean Bodin의 저작에도 통달했고, 악마의 힘이나 마녀의 술책에 대해서도 소상하게 알고 있었습니다. 그는 이십대에 스코틀랜드의 항구 노스버릭에서 열렸던 마녀재판(1590)에도 입회했습니다. 그곳에서 잔인하기 그지없는 고문을 받은 '마녀'가 결국 죄를 자백하는 모습을 보고 환희를 느꼈습니다. 그리고 어떤 사바트Sabbath(마녀 집회)에서 악마가 자신(제임스 1세)을 가리켜 이 세상의 가장 큰 적이라고 연설했다는 이야기에 눈물을 흘릴 만큼 기뻐했습니다. 그 후로 이 세상에는 엄청나게 많은 마녀가 있고, 마녀와 모의해 왕을 죽이려고 하는 자가 몇 명이나 있다는 망상을 품었습니다.

『악마론』*Daemonologie*(1597)을 쓴 제임스 1세는 책에서 이렇게 이야기합니다. "프로테스탄트 시대를 맞이해 잉글랜드에 악마의 수하인 마녀나 요술사가 종교개혁 이전보다 더 득시글거린다. 가톨릭교도는 그런 자들과 손잡고 프로테스탄트를 공격하려고 노리고 있다. 따라서 신에게서 왕권을 부여받은 국왕이야말로 마녀를 탄압하고 일소해야 한다."

잉글랜드 국교회의 신학자와 성직자 들은 극단적인 왕권 개념을 견지하는 제임스 1세를 지지했고, 옥스퍼드대학의 신학 교수들도 그에게 호의적이었습니다. 반가톨릭, 반청교도를 외치는 사이에 왕이 폭군으로 변하고 있음을 그들은 잊었던 듯합니다.

실은 선왕인 엘리자베스 1세도 마녀를 두려워했습니다. 그녀는 마술을 중죄로 규정하는 법률을 공포했습니다. 실제로 잉글랜드에서는 엘리자베스와 제임스 시대에 마녀사냥의 만행이 최고조에 달했습니다. 여러 종파로 갈라진 기독교를 하나의 통일된 종교 공동체로 보이게 하는 반사 효과 때문에 마녀와 요술에 대한 신앙은 혁명을 거치면서도 살아남았습니다. 17세기에도 영국에서는 여러 편의 악마학 문헌이 나왔습니다.

젠틀먼의 대두

영국 하면 '젠틀먼(신사)의 나라'가 조건반사처럼 떠오릅니다. 젠틀

- 농촌에 있는 젠틀먼의 저택 '컨트리 하우스'

먼gentleman은 애초에 단순한 '신사'紳士가 아닙니다. 그들은 전원지대에 광대한 토지와 저택을 소유한 지주계급이지요. 그러면 젠틀먼은 언제, 어떻게 형성되었을까요?

젠틀먼이라는 용어는 '젠트리'에서 유래합니다. 젠트리는 본래 평민계급이지만 독립 자영농인 요먼보다 신분이 높은 지주로서 지역사회에서 존중받았습니다. 샤이어와 그 아래 행정 구역인 헌드레드의 치안 유지에 중심적인 역할을 맡았던 그들은 13세기 후반에 중앙정부의 전국적 치안 유지 기구로 들어갔고, 14세기에 제도화된 하급 재판관인 치안판사로 진출했습니다.

튜더 왕조 무렵에 젠트리는 지방행정의 주역을 맡았고, 중앙 의회(서민원)에도 참석해 귀족과 더불어 지배계급을 형성해 갑니다. 젠트리는 귀족 같은 신분이나 법적 정의라기보다 인망과 경제력을 갖추고 훌륭한 가옥을 소유하고 예법과 품격에 어울리는 문장紋章도 가진 사람들에 대한 실질적인 인증과 통념입니다. 여기에 이름 높은 법률가, 성직자, 의사, 부유한 상인 등도 가담합니다. 당시 작위가 있는 귀족은 120여 명뿐이어서 약 2만 명의 젠트리가 상류계층의 대다수를 차지하고 있었습니다.

젠트리가 사회적 존경을 받는 명사名士라는 점, 지위에 상응하는 사회적 의무를 자발적으로 이행하는 존재라는 점에 초점을 맞춘 호칭이 '젠틀먼'입니다. 그들은 나라를 지키기 위해서라면 언제든 소집할 수 있는 예비군이기도 했습니다. 평소에 일하지 않는 것이 그들의 특성이었고, '비천한 일을 하면 출생 신분이 더럽혀진다'고 생각했습니다. 명예를 존중하는 것은 귀족과 별반 다르지 않았으며 나라를 위해, 또 지역을 위해 정치·행정·사법에 종사하는 것을 바람직하다고 여겼습니다.

젠틀먼의 행동 원칙은 '명예'였습니다. 그들이 셰리프나 치안판사 등 보수가 없는 지방 관직을 얻으려고 한 것은 공적인 봉사를 통해 명예를 얻기 위해서였습니다. 그들은 존칭과 화법을 중시하고, 회식과 공적인 의례에서 좌석의 차례를 엄격하게 지켰습니다. 공적 활동을 하지 않는 기간에는, 다시 말해 일 년 중 대부분은 시골에서 놀며 지냈습니다. 낮에는 사냥과 승마를 즐기고 밤에는 무도회와 가면무도회, 음악회에서 흥을 돋우었습니다.

16세기에 신흥 상인층과 부유해진 차지농借地農*이 새로운 역할을 갖고 가담하면서 젠틀먼의 기반이 넓어졌습니다. 그러나 1680년부터 1740년 무렵까지는 작위 귀족과 최상위 젠트리 등 대지주에게 토지가 집중되고 일반 젠트리의 소유지는 줄어듭니다.

18세기 후반에는 귀족이 쇠퇴하는 한편 산업혁명으로 부를 늘린 산업자본가가 토지를 사들여 젠틀먼의 반열에 동참합니다. 그리고 세대 규모에 따라 하우스 스튜어드house steward(저택 관리자), 버틀러butler(집사), 하우스키퍼housekeeper(여성 집사), 밸릿valet(남성 고용인의 수발 담당), 레이디스 메이드lady's maid(여성 고용인의 수발 담당) 등의 상급 사용인을 비롯해 수많은 하급 사용인을 고용합니다. 또

---

* 토지 소유주에게 일정한 대가를 치르고 땅을 빌려 농경하던 농업 경영자.

토지 소유나 혈통보다는 행동의 '우아함'을 중시하는 새로운 젠틀먼 개념도 생겨났습니다.

계급을 긍정하는 사회

16~17세기에 걸쳐 계급사회의 모습이 뚜렷이 드러나는 만큼, 이쯤에서 영국 계급사회에 대해 살펴보는 것이 좋겠습니다.

유럽 국가 중 영국만큼 신분 차별이 고정화된 나라도 없습니다. 물론 다른 나라에도 훨씬 일찍부터 신분제가 있었고, 중세 유럽 전역에는 삼신분(기도하는 사람, 싸우는 사람, 일하는 사람)론이 퍼져 있었습니다. 그런데 영국의 계급사회는 근세에 들어와 독자적으로 진화했습니다.

16세기 사회 이론가는 당시 잉글랜드 사회가 보통 젠틀먼(젠트리), 시민(부르주아), 요먼 및 기술자, 그리고 노동자 등 네 계급으로 나뉜다고 보았습니다. 여기에서 귀족의 지위는 젠틀먼의 꼭대기였던 듯합니다. 젠틀먼의 수는 아주 적었던 반면에 임금노동자, 도제, 고용살이, 농업 노동자는 인구의 약 80퍼센트에 달했습니다. 각 계급은 독자적인 성격과 덕성을 가지고 고정되어 있었습니다. 또 직업을 선택하거나 바꿀 여지가 거의 없었습니다. 잉글랜드 국교회도 계급은 신의 의지이자 종교의 의무로서 신성하다고 가르쳤습니다. 18세기에는 꼭대기에 앉은 국왕부터 밑바닥의 신민까지 더욱 세세한 신분과 직업으로 계급을 구분하기도 했습니다.

'계급'은 생활과 행동 등 모든 면에서 숨길 수 없이 드러나는 것 (드러나야 하는 것)이었습니다. 16~18세기에는 각 계급의 구분이 더욱 뚜렷해집니다. 우선은 주택의 크기와 실내장식 등에 계급이 반영되었기 때문에 실로 주택이 자산과 계급의 지표였습니다.

천장 높이는 물론 창틀 재질도 젠틀먼은 돌, 요먼은 나무, 이런 식으로 계급마다 달랐습니다. 특히 귀족의 저택은 과시하기 위한 장소였습니다. 가구, 식기, 인테리어, 마루와 천장의 재료, 장식품 등이 그들의 높은 지위를 상징했습니다. 침구도 계급에 따라 엄밀하게 구분했습니다. 젠틀먼은 물새의 솜털을 채운 매트리스, 요먼은 새의 깃과 짐승의 털, 일반 농민은 거친 털, 노동자는 보리 짚단이었습니다. 의자의 종류와 형태, 초의 재료 등 집에 있는 온갖 물건이 계급에 따라 달랐습니다. 사용하는 어휘에도 큰 차이가 있었고, 영어 발음의 강세와 화법으로 출신과 계급까지 나누었습니다.

아무리 상업을 번성시키고 국가 번영에 꼭 필요한 직업에 종사한다고 해도, 사회적 지위를 확보하는 수단은 '토지'였습니다. 16~18세기 서민원 의원의 80퍼센트 가까이는 지주 엘리트였고, 내각 관료는 20세기 초까지 대영지를 소유한 세습 귀족이었습니다. 군, 관료, 교회, 법조계의 고위직도 마찬가지였습니다.

물론 오늘날에는 어디에서도 계급제도를 찾아볼 수 없지만, 계급의식은 엄연히 존재합니다. 대부분의 영국인은 지금도 계급의 차이를 인정하고 받아들입니다. 노동자, 중류계급, 상류계급이 각각 자신의 출신을 자랑스러워합니다. 그러므로 부자가 곧 '상류'인 것은 아닙니다. 영국의 사회질서는 법과 관습, 계급의 구별을 존중합니다. 영국의 계급제도 또는 귀족주의는 오랜 역사 속에서 경험적으로 만들어진 산물일 뿐, 차별 정치와 군사력 때문에 나온 결과가 아닙니다. 말하자면 민주적으로 형성된 것입니다. 계급의 정점에 위치한 왕의 존재도 그러합니다.

이리하여 영국인의 국민성은 '처지에 어울리고 적합한 성격'이라는 방향으로 기울어집니다. 예의범절의 나라임을 자랑하는 것은 어느 계급에 속한 영국인이든 마찬가지인데, 이것이야말로 귀족제 및 계급제도의 우아하고 깊이 있는 특성이 국민에게 반영된 측면으로 볼 수 있겠지요. 귀족의 권위와 신용, 관계망은 지금도 커다란 힘을 갖고 있습니다. "그들이야말로 지도자가 되어 나라를 이끌어야 해. 왜냐하면 그들은 그 일을 위해 오랫동안 훈련받았거든." 귀족이나 젠틀먼이 아닌 사람들도 이렇게 믿고 있습니다. 계급의식이 있기 때문에 지도층이 비속해지지 않고 민주주의와 자유주의의 참뜻이 지켜진다는 생각, 한마디로 계급제도가 민주주의의 기초라고 하는 모순된 사고방식이 버젓이 통용되고 있습니다.

오늘날 영국에서는 지극히 일부만이 호화로운 생활을 누리는 한편, 대다수 민중은 생활고에 시달리고 있으며 실업자도 무척 많습니다. 개중에는 계급사회에 답답함을 느껴 오스트레일리아나 미국으로 이주하는 사람도 있습니다. 하지만 영국인은 대개 '계급은 훌륭한 것'이라고 여기고 있습니다. 참으로 알 수 없는 나라입니다.

구빈법과 게으른 가난뱅이

그러면 왕은 계급사회에서 어떤 지위에 있었을까요? 또는 어떤 지위를 차지해야 했을까요? 왕실과 왕족은 당초 외국에서 온 '외부인'이었지만, 이 나라에 계급제도와 계급의식을 확립한 장본인이기도 했습니다. 계급사회의 맨 꼭대기에 있는 사람으로서 왕은 혈통의 중요성을 몸소 보여 주는 동시에 소수 귀족들의 지지를 얻어 정치에 임했습니다. 나아가 왕은 영국 사회의 모든 명예가 유래하는 원천이기도 했습니다.

1500년 무렵부터 300년에 걸쳐 영국은 눈에 띄게 변화했습니다. 계급사회가 성립했고 국가, 즉 그레이트브리튼Great Britain(잉글랜드, 웨일스, 스코틀랜드)및아일랜드연합왕국이 되어 번영을 이루었습니다. 번성하며 부를 축적한 나라에서 여유 있는 계급이 가난한 사람을 위해 아무것도 하지 않았을 리 없습니다.

16세기 이후 영국 사회는 지속적으로 다양한 빈민 대책을 실시했습니다. 애초에는 기독교적인 자선관, 다시 말해 기독교인은 가난한 이들에게 자선을 베풀어 구원을 얻어야 한다는 발상에서 시작되었습니다. 부자가 가난한 자를 구제하면 가난한 자는 기도로써 보답하고, 그 결과 부자는 죄를 용서받아 연옥에서 지내는 시간이 줄어든다는 논리였습니다. 이는 상호적인 의무이자 연대이며 사회적 조화라는 사상이었습니다.

기독교적인 선행은 점차 자기 책임이 아니라 불가항력으로 인해 가난해진 사람을 법적으로 구제하는 방식으로 바뀝니다. 헨리 8세 시대에는 "나태한 가난뱅이는 처벌하고, 병들거나 늙어서 일할 수 없는 사람만 구제해야 한다"는 내용의 새로운 법률(일명 '헨리 구빈법', 1536)을 만들었습니다. 그 무렵 많은 시민이 2페니 이하의 소액 기부를 통해 자선 운동에 참여했습니다. 1560~1570년대 노리치나 엑서터에서 시도한 도시 구빈 계획이 초기의 대표적인 구빈 대책이었습니다. 엑서터에서는 담당자가 매주 소교구 주민에게 성금을 거두어 가난한 사람에게 재분배하는 헌금 제도를 실시했습니다.

구빈법 행정은 엘리자베스 왕조에서 본격화했습니다. 1598년에 마련한 초안을 바탕으로 정비하고 재편성한 '엘리자베스 구빈법'을 1601년에 새롭게 제정했습니다. 각 교구의 교구 위원 및 빈민 감독관은 구빈법에 따라 노동할 수 없는 빈민을 세금으로 구제하고 일할 수 있는 빈민은 강제적으로 일을 시키며 그들의 자제를 고용살이로 들여 보내는 일을 맡았습니다.

지도층은 노동을 찬미했습니다. 하지만 그것은 자신들이 직접 일하지 않았기 때문이겠지요. 노동자 계급의 노동이 있어야 나라가 번영을 이루고 젠틀먼 계급도 기본적인 생활을 영위할 수 있습니다. 따라서 노동자들에게 강제적으로라도 일을 시키지 않으면 곤란한 것입니다.

구빈법에서도 빈곤 퇴치에는 강제 노동이 가장 효과적이라고 강조했습니다. 노동자에게는 훈련과 강제를 통해서라도 노동을 시켰고 처우를 개선해 달라는 요구는 형벌로 상대했습니다. 그렇게 해도 교화할 수 없는 사람은 왼쪽 어깨에 R자* 낙인을 찍고 강제 노동을 부과했습니다. 구빈원에서는 감독관이 채찍을 휘두르거나 수갑과 차꼬를 채우는 등 굴욕적인 처우도 서슴지 않았습니다.

이후 1662년, 1697년, 1723년, 1782년, 1834년에 구빈법의 새로운 법규가 만들어지기는 했지만, 하나같이 "나태한 빈민은 보호하는 대신 벌을 주어 강제적으로 일을 시키자"는 1598년과 1601년의 이념을 반복했습니다.

빈민 대책과 구빈법에는 아무래도 계급사회의 부정적인 측면이 반영되었던 게 아닐까요?

---

* 부랑자, 사기꾼, 악당 등을 뜻하는 로그(rogue)의 머리글자.

5장

혁명이 가져다준 것

찰스 1세부터 조지 3세까지

[1625년~1820년]

왕을 처형한 혁명

17세기는 영국사에서 가장 소란스러운 시대입니다. 1625년 제임스 1세가 사망하자 그의 아들 **찰스 1세**(재위 1625~1649)가 즉위합니다. 그는 부왕과 마찬가지로 스튜어트 왕가의 전통이라고 할 왕권신수설을 신봉하고 절대주의 군주로서 군림합니다. 또한 그는 잉글랜드 국교회의 프로테스탄트이면서 가톨릭 국가인 프랑스의 왕녀 앙리에트 마리Henriette Marie와 결혼함으로써 칼뱅파와 갈등을 일으킵니다.

찰스 1세는 프랑스와 스페인을 상대로 전쟁을 벌이지만 실패했고, 의회는 톤세와 파운드세 등 관세 징수를 1년으로 제한했습니다. 이에 화가 난 왕은 의회를 해산하고 반대자를 투옥하거나 공채公債를 강제 할당했습니다. 전쟁 비용의 부담이 커지자 왕은 어쩔 수 없이 의회를 소집했습니다. 의회는 1628년에 '권리청원'을 제출하고 왕이 의회의 동의 없이 과세하거나 마음대로 투옥하는 것을 인정하지 않겠다고 주장했습니다. 이것은 중산계급의 '마그나카르타'라고 불리는 중요한 문서입니다.

청교도가 우세했던 의회는 왕과 날카롭게 대립했고, 당시 런던 주교였던 윌리엄 로드William Laud(1573~1645)가 왕을 보좌하며 청교도를 박해했습니다. 이 무렵 왕과 밀접한 추밀원Privy Council (1530년대에 국왕 평의회를 재편해 만든 자문기관)과는 별도로 대신들의 모임인 '내각 평의회'가 등장합니다. 1633년에 캔터베리 대주교가 된 윌리엄 로드는 옛 가톨릭적인 장식과 장엄한 의식을 도입하기 위해 소교구 전체에 위원을 보냈고, 이 일로 청교도 세력의 비난을 받았습니다. 찰스 1세는 11년 동안이나 의회를 열지 않고, 충성심이 돈독한 고위 귀족(기사)의 봉사 의무에 호소하거나 예전에 왕의 영지였던 황무지를 개간한 사람에게서 벌금을 징수함으로써 부족한 자금을 겨우 메웠습니다.

찰스 1세는 1635년 해안 도시뿐 아니라 내륙에서도 선박세를 징수하려고 드는 바람에 한층 거센 반발을 샀습니다. 어쩔 수 없이 1640년에 의회를 소집했지만, 왕과 의회가 대립하는 바람에 겨우 3주 만에 해산하고 말았습니다. 그런데 북잉글랜드를 점령한 스코틀랜드군에 대해 대책을 세워야 했던 왕은 자금 부족 때문에 같은 해 가을에 또다시 의회를 소집할 수밖에 없었습니다. 이때의 의회는 1653년까지 지속되었습니다. 앞의 의회를 '단기의회', 두 번째 의회를 '장기의회'라고 부릅니다.

찰스 1세는 3년마다 의회를 개최해야 했고 의회의 동의 없이는 해산할 수도 없었습니다. 왕의 영지를 침략한 토지 소유자에게 부과하는 벌금은 불법으로 규정되었고, 선박세도 폐지되었습니다. 의회가 왕의 조언자인 스트래퍼드Strafford 백작을 처형한 일이나 국왕의 권한까지 제한하는 급진적인 항의문 「대간의서」大諫議書,

- 청교도혁명으로 참수당한 찰스 1세

Grand Remonstrance(1641)를 왕에게 제출한 일 등으로 인해 국내 전체는 의회파와 국왕파로 분열했고 그 다툼은 내전으로 번졌습니다 (1642~1651). 처음에는 국왕파가 우세했지만 철기대를 이끄는 올리버 크롬웰이 각지에서 국왕의 군대를 격파하면서 형세가 역전되었습니다. 결국 의회파는 찰스 1세를 체포해 재판정에 세우고 참수형에 처했습니다. 이것이 바로 '청교도혁명'입니다.

크롬웰의 공화제

1649년 3월에 왕정 체제와 귀족원이 폐지되고, 올리버 크롬웰에 의해 영국 역사상 최초로 공화제가 수립됩니다. 나중에 찰스 2세로 즉위하는 찰스 1세의 아들은 스코틀랜드와 굳건한 맹약을 맺고 반격에 나섰다가 결국 크롬웰에게 무릎을 꿇고 달아났습니다.

의회제의 지도자로서 호국경護國卿, Lord Protector*이 된 크롬웰은 편협한 원리주의자였기 때문에 모든 오락을 죄악시하고 금지했습니다. 극장을 폐쇄하고 토요일 밤 12시부터 월요일 오전 1시까지 술집에 가는 것도 금했습니다. '공화제'라고 해도 실제로는 청교도주의를 강요하는 군사 독재 정치였습니다. 하지만 정작 크롬웰 자신은 왕이 된 기분으로 호화로운 궁전 생활을 즐겼습니다.

1658년 크롬웰이 사망하자 그의 아들은 곧장 호국경을 사임했

---

*   고대 로마의 호민관을 본뜬 지위로 크롬웰의 혁명 정권에서 최고 행정관이 되었다. 입법권, 행정권, 관리 임명권, 군사권, 외교권 등을 가졌으며, 임명은 세습에 따르지 않고 선거로 선출했다.

고, 1660년 5월에 결국 찰스 2세(재위 1660~1685)의 왕정복고에 이르고 맙니다.

국왕을 참수한 청교도혁명은 '절대주의를 타도한 시민혁명'이라는 평가를 받는 한편, 영국 역사 최대의 오점으로 여겨지기도 합니다. 이 혁명은 종교적 순수주의와 원리주의가 영국과 맞지 않는다는 것, 공화제는 영국의 정치체제로 쉽게 뿌리내리지 못한다는 것을 실증했다는 점에서 커다란 교훈을 남겼습니다.

한편 청교도혁명을 거쳤어도 아일랜드를 식민지로 삼으려는 잉글랜드의 열정은 수그러들기는커녕 한층 더 불타올랐습니다. 크롬웰은 더블린에 총독으로 부임해 잔학 행위를 저질렀는데, 주민 60만 명이 학살당하거나 굶어 죽었을 정도입니다.

그는 잉글랜드에 충성하는 자(잉글랜드 의회에 충성을 약속한 프로테스탄트)에게는 섀넌강 동쪽의 비옥한 땅을 주었고, 적대하는 자는 섀넌강 서쪽 산간인 코노트(쿠거 콘나크트)의 메마른 땅으로 내쫓았습니다. 나아가 아일랜드인의 역사적 '기억의 말살'에도 착수했습니다. 학교를 폐쇄하고 지식인, 예술인, 직인을 추방하거나 학살했으며 분서焚書와 작품 파괴에 열을 올렸던 것입니다.

식민지를 발판 삼아

이 시대에 잉글랜드와 프랑스 두 나라는 스페인, 포르투갈에 이어 국가 산업을 발전시키고 부를 축적하기 위해 식민지와 무역의 거점을 마련하려고 애썼습니다.

17세기부터 잉글랜드도 다른 나라와 마찬가지로 중상주의를 택합니다. 국가가 생산과 교역을 조직적으로 통제하고, 식민지에서 들여오는 금은과 상품을 확보해 축적하고, 특정한 주력 산업에 특허장을 수여하고 독점적 회사를 허가하여 경제적 경쟁에서 이기려고 했습니다. 1651년의 항해조례는 잉글랜드 선원과 선박으로만 수송을 가능하게 한 보호무역주의 선언이었습니다. 이러한 흐름 속에서 식민지를 획득해 그곳에서 나는 금은과 상품을 본국으로 가져오려고 했습니다.

잉글랜드는 북아메리카 동남부에 잇달아 식민지를 건설하고 카리브해에서는 스페인으로부터 자메이카를 획득했습니다. 또 아프리카에서 데려온 흑인 노예를 혹사해 플랜테이션*을 실행하고, 설탕 생산으로 막대한 이익을 얻었습니다. 나아가 아시아로도 진출해 인도에 거점을 마련했습니다.

왕정복고

부친과 달리 밝고 명랑하고 자유분방한 찰스 2세는 '쾌활한 군주'Merry Monarch라고 불렸습니다. 1620년대 네덜란드의 식민지였던 북아메리카의 뉴암스테르담은 그의 시대에 잉글랜드령이 되어

---

*   선주민이나 흑인 노예의 노동력을 이용해 한 가지 작물만 대규모로 재배하는 농장 경영.

뉴욕으로 이름이 바뀌었습니다. 또한 찰스 2세는 포르투갈 왕 주앙 4세의 딸인 카타리나 데 브라간사Catarina de Bragança를 아내로 맞이하면서 결혼 지참금으로 인도의 봄베이(뭄바이)와 북아프리카 모로코의 탕헤르를 확보하여 대영제국의 기초를 다졌습니다.

찰스 2세는 왕을 죽인 죄인 이외에는 모두 사면하고 종교의 자유를 약속했습니다. 임시 의회가 왕에게 실권을 돌려주었고, 귀족원과 서민원의 권한도 예전으로 복귀했습니다. 그러나 왕이 가톨릭의 역성을 들었기 때문에 잉글랜드 국교회의 보수파가 반발했습니다. 의회는 그 뜻을 받아들여 1661년 '자치제령'을 통해 도시와 마을의 관리를 국교회 신도로 한정했고, 이듬해 '통일령'을 제정해 모든 성직자에게 공통 기도서를 사용하도록 명했습니다. 이에 많은 성직자가 반발하면서 사직했습니다.

1665년에는 '5마일령'을 발포해 비국교도 성직자가 그들을 쫓아낸 교구의 5마일 이내에 들어오는 것을 금지했습니다. 더욱이 1673년의 '심사령'으로 인해 가톨릭교도는 오랫동안 공직과 대학 교수 자리에서 배제되었습니다.

찰스 2세가 다스리던 시대에는 페스트가 유행하고(1665) 런던에 대화재가 일어나는(1666) 등 비극이 잇따랐지만 경제는 순조롭게 성장했습니다. 농업에 이어 상업과 교역이 점점 번성했고 석탄·철 강업도 급속하게 발전했습니다.

그런데 찰스 2세 슬하에 서자는 많았어도 적자가 없었습니다. 1685년에 왕이 세상을 떠나자 인기 없는 동생 **제임스 2세(재위**

1685~1688)가 즉위했습니다. 그는 즉위 전에 한 약속을 깨고 자신과 같은 가톨릭교도를 유력한 자리에 임명했을 뿐 아니라 1687년에는 '신앙 자유 선언'을 발표해 가톨릭이나 비국교도 프로테스탄트에 대한 차별과 처벌을 중단시켰습니다.

의회 안에서 제임스 2세의 왕위 계승에 반대하는 자들은 휘그당이 되었고, 혈통이 정당한 제임스 2세의 계승을 인정하는 자들은 토리당이 되었습니다. 토리당에는 귀족을 중심으로 국교주의를 받드는 보수파가 많았고, 휘그당에는 주로 도시 상인, 산업 경영자와 일부 젠트리 등 왕권 제한과 종교적 관용을 지향하는 진보파가 많았습니다.

명예혁명으로

1688년 6월 제임스 2세의 아들이 태어나자, 신앙 자유 선언으로 인해 가톨릭교도가 왕위에 오를 가능성이 높아지면서 국민의 불안이 커졌습니다. 이에 프로테스탄트 대귀족 일곱 명이 들고일어나, 독실한 프로테스탄트인 메리(제임스 2세의 장녀)와 네덜란드 총독 오라녜 공 빌럼Willem van Oranje(찰스 1세의 외손자) 부부를 불러들입니다. 그들이 병사 5만 명을 이끌고 별다른 저항 없이 잉글랜드에 상륙하자 제임스 2세는 프랑스로 달아납니다. 1689년에 메리와 윌리엄(빌럼의 영어식 이름) 부부가 함께 대관식을 거행합니다. 이것이 '명예혁명'입니다.

- 윌리엄 3세와 메리 2세

메리 2세(재위 1689~1694)와 윌리엄 3세(재위 1689~1702)는 1689년 의회와 인민의 권리를 기재한 '권리선언'에 서명했습니다. 이후 '권리장전'으로서 공포한 이 선언에 의해 왕에게 법률을 무효화할 권리는 없고 내정은 의회가 전담하며 의회의 동의 없이 왕이 징세하거나 상비군을 유지하는 것은 불법으로 간주하는 영국의 입헌군주제 전통이 튼튼하게 자리 잡았습니다.

또 왕은 매해 의회를 소집하고 군사와 재정 분야는 의회의 손에 맡겼습니다. 두 정당 중 한쪽에서 대신을 선출하고, 의회를 통해 정부 여당의 정책을 실행하도록 확정함으로써 사실상 의원내각제가 출범했습니다. 왕은 외교상의 필요에 따라 정당정치를 받아들였습니다.

1689년에 '관용령'이 통과되어 비국교도 프로테스탄트도 신앙의 자유를 인정받았습니다. 정치와 교육에 관한 그들의 권리는 국교도와 거의 동일해졌습니다. 1701년에는 '왕위계승법'을 통해 "잉글랜드 왕은 국교도로서 스튜어트가의 혈통을 잇는 자에 한정한다"고 정함으로써 근대 입헌제의 초석이 마련되었습니다.

그러면 영국 역사상 대사건인 이 두 '혁명'에서 어떤 점을 중요하게 봐야 할까요? 우선 '마그나카르타'가 발단이 되었듯, 의회가 왕을 견제하는 움직임이 한층 더 견고해졌고 그것을 법률과 제도로 보장했다는 점이 중요합니다. 왕의 권한에 제동이 걸리면서 함부로 왕권을 남용할 수 없게 되었습니다. 왕은 정기적으로 의회를 열어야 했고 재원을 확보하기 위해서는 전면적으로 의회에 의존해야 했습니다.

또한 영국(인)의 정체성이 확립되는 토대에 대한 생각도 이 시대에 정리되었습니다. 국왕은 프로테스탄트(국교도)에 한정한다는 의회의 결정이 상징하듯, 가톨릭 세력을 국가의 적으로 삼는 종교 방침도 이때 세워졌습니다. 가톨릭 세력의 최대 버팀목으로 프랑스(와 스페인)가 지목되었고, 런던 대화재를 비롯한 온갖 재앙이 가톨릭의 소행이라는 유언비어가 이 무렵 활발하게 찍어 낸 싸구려 신문을 통해 퍼져 나갔습니다. 프로테스탄트는 자신들이 신의 선택을 받은 특별한 존재이기 때문에 괴물 같고 악마 같은 가톨릭에는 지지 않는다는 믿음도 키워 갔습니다.

그레이트브리튼연합왕국의 성립

윌리엄 3세의 뒤를 이은 인물은 제임스 2세의 차녀 앤(재위 1702~1714)이었습니다. 언니 부부에게 자식이 없었기 때문이지요.

앤 여왕의 치세와 거의 동시에 일어난 스페인계승전쟁(1701~1714)에서 잉글랜드는 사령관인 말버러Marlborough 공작의 활약으로 프랑스군을 연전연패시켰습니다. 1713년에 위트레흐트조약을 통해 지브롤터와 미노르카섬을 획득한 데 이어 아시엔토Asiento(노예무역에 대한 독점권)도 얻었습니다.

프로테스탄트인 앤 여왕은 종교적인 문제가 없었기에 1603년부터 동군연합同君聯合*을 맺고 있던 잉글랜드와 스코틀랜드의 여왕이 될 수 있었습니다.

그러나 사실 동군연합이 되고 나서도 스코틀랜드와 잉글랜드는 국경을 사이에 두고 끊임없이 싸웠습니다. 이 싸움에서는 스코틀랜드가 밀리는 듯했습니다. 특히 청교도혁명 중이던 1651년에 크롬웰이 스코틀랜드를 왕당파의 거점으로 지목하며 쳐들어온 것과 스튜어트 왕조의 정통을 이은 제임스 2세가 명예혁명으로 추방과 폐위를 당한 것이 스코틀랜드에 충격을 가져다주었습니다.

---

* 둘 이상의 국가가 동일한 군주 아래 결합된 정치 형태.

1690년대에 스코틀랜드를 휩쓴 기근으로 수많은 사망자가 발생하자 잉글랜드는 합병을 제안했습니다. 스코틀랜드는 곧 그 제안에 따랐고, 1707년 웨스트민스터 의회에서 잉글랜드·웨일스와 스코틀랜드 간 연합법을 가결, 조인했습니다. 이로써 오늘날까지 이어지는 대영 연합왕국이 성립했습니다. 명실상부하게 '영국', '연합왕국'이라는 하나의 국가가 탄생한 것입니다. 기념할 만한 이 나라의 첫 군주는 앤 여왕이었습니다.

그 후 스코틀랜드인도 잉글랜드인, 웨일스인과 마찬가지로 '같은 의회'의 의원이 되었고, 세금도 '같은 국가'에 내기에 이르렀습니다. 물론 스코틀랜드의 의원 수는 10퍼센트를 채우지 못했고 발언권도 약했기 때문에 불만도 있었습니다. 또 합병했다고는 하나 재판, 교회, 그리고 일부 법 제도는 별개였습니다.

영국 왕은 그 자신이 국교도인 프로테스탄트가 아니면 안 되었지만, 의회가 제정한 법에 따라 잉글랜드 국교회 및 스코틀랜드 국교회(장로파)도 '신성한 것으로 옹호하고 유지'할 의무를 떠맡았습니다. 왕은 잉글랜드 국교회의 '최고 통치자'로서 재상의 조언에 따라 대주교, 주교, 보좌 주교, 수석 사제와 같은 주요 성직자를 임명했지만, 스코틀랜드 국교회에 대해서는 최고 통치자가 아니었습니다. 스코틀랜드 국교회가 인정하는 영적으로 지고한 존재는 오로지 예수뿐이었습니다.

자코바이트Jacobites(명예혁명 당시 망명한 제임스 2세와 그 자손을 다시 왕위에 올리려 한 정치 세력)의 획책, 즉 스튜어트 왕조의 부활 운동이 벌어진 중심지도 스코틀랜드의 하일랜드 지방이었습니다. 자코바이트는 18세기 중반까지 계속해서 영국 정치를 흔들었습니다. 프랑스나 스페인에서 자코바이트 군대를 싣고 쳐들어온 함선이 일부 친족 집단과 결탁해 에든버러 등을 점령하고 잉글랜드로 침입해 오는 일도 있었습니다. 제임스 2세의 손자이자 로마 교황의 비호를 받던 찰스 에드워드 스튜어트(1720~1788)가 1745년에 스코틀랜드의 헤브리디스제도에 상륙해 왕위를 노린 것이 눈에 띄는 마지막 사건이었습니다.

그 뒤로 잉글랜드의 권력자들은 스코틀랜드의 민족주의를 약화하기 위해 전통문화를 버리도록 유도했습니다. 스코틀랜드에서 문장과 의복에 쓰이는 전통 무늬인 타탄체크 사용과 백파이프 연주를 금지했고, 스코틀랜드의 성년 남성들을 제국군으로 징발했습니다. 또한 영주의 지위를 얻은 부족장이 더 많은 이익을 위해 농지를 양 방목지로 바꾸면서 농사 지을 땅을 잃은 스코틀랜드 농민들이 미국이나 캐나다로 떠나는 이민 현상이 두드러졌습니다.

산업혁명 초기에는 공장의 고용 노동자가 늘어나 소규모이기는 해도 아마(리넨) 직조가 상당히 발전했습니다. 18세기 말이 되어서야 글래스고나 에든버러 등 대도시가 성장 궤도에 오릅니다.

의원내각제의 발달

1714년 앤 여왕이 후사 없이 세상을 떠나자, 과연 누가 왕위를 물려받을까 하는 것이 가장 중요한 문제로 떠올랐습니다. 핏줄에 따른 후계자 후보로는 프랑스에 망명 중인 배다른 남동생 제임스가 있었지만, 가톨릭교도였기 때문에 의회가 용인하지 않았습니다. 애초부터 1701년의 왕위계승법에 따라 "스튜어트가의 피를 이어받은 자, 구체적으로는 제임스 1세의 외손녀이자 하노버 선제후의 아내인 소피아(조피), 혹은 그 직계비속에게만 왕위 계승권이 있다"고 정해 놓았고, 왕위 계승자는 국교도로서 잉글랜드 국교회를 옹호하겠다고 맹세해야 했습니다.

이러한 상황에서 소피아의 장남인 하노버 선제후 게오르크가 왕위 계승자로 지목받아 조지 1세(재위 1714~1727)가 되었습니다. 그러나 조지는 영어도 못하는 '독일인'에 가까웠고 정치에도 관심이 없었습니다. 당연하게도 그는 대신에게 정치를 일임하고 각료 회의에도 참석하지 않았습니다. 이러한 상황에서 앞서 나온 휘그당과 토리당이 양대 정당으로 부상해 힘을 키워 갔습니다.

왕은 휘그당 후원자였기 때문에 실질적인 수상(제1 재무 대신) 자리에 휘그당원인 로버트 월폴Robert Walpole(1676~1745)이 취임했습니다. 그는 하원 세력에 의존한다는 원칙을 가지고 내각을 이끌어 갔습니다. 로버트 월폴의 지휘 아래 내각이 행정권을 쥐고 의회에 대해 책임을 지는 의원내각제가 발달했습니다.

로버트 월폴은 실로 1742년까지 20여 년이나 수상직을 맡아 정치를 이끌었습니다. 아까운 비용만 들어가는 전쟁은 배격하고 평화주의를 신봉했습니다. 그는 우선 과열된 투기로 주가가 폭등하거나 급락하는 혼란(이른바 '남해 포말 사건'*)을 수습하고 상공업 진흥 정책을 실시했습니다. 농업 분야에서는 노퍽 농법**을 보급하고 제2차 인클로저enclosure(169쪽 참조)를 권장함으로써 곡물 생산량을 증대시켰습니다. 그 결과 재정 상태가 비약적으로 개선되었습니다.

이후 조지 2세 시대에 일시적으로 후퇴하기는 하지만, 이 시대에 들어와 토리와 휘그의 양당 의회제를 통해 의원내각제가 발달한 것은 분명한 사실입니다. 왕이 정치에 개입하려고 해도 수상의 동의와 의회의 승인이 없으면 거의 아무것도 할 수 없었습니다.

그렇지만 그때까지도 왕의 힘은 상당히 센 편이었다는 점도 간과해서는 안 됩니다. 의회 선거나 각료 및 육해군 사관의 선임에 간섭할 수는 없지만 영향력을 행사하는 것은 가능했고, 선전 포고와 정전 포고의 권리, 의회 소집과 해산의 권리도 왕에게 있었기 때문입니다. 나아가 왕은 귀족, 주교, 재판관, 외교관을 지명하는 권한을 쥐고 있었고, 범죄자의 사면도 결정할 수 있었습니다.

영국 왕은 독일인

투박한 군인이었던 조지 1세는 친근함도 없는 데다 정치적 역량도 빈약해서 인기가 없었습니다. 그래도 그가 다스리는 동안은 비교적

---

*   18세기 초 영국 정계와 재계에 큰 혼란을 가져온 주가 투기 사건. 영국의 재정 위기를 타파하기 위해 남해회사(The South Sea Company)를 설립하고 국채를 인수하는 대신 무역 독점권을 넘기면서 주가가 폭등했으나 사업 부실이 밝혀져 주가가 폭락하고 파산자가 속출했다.
**   18세기 영국 동부의 노퍽에서 크게 확산된 4년 주기의 돌려짓기 농법으로 농업혁명의 기초가 되었다.

평온한 시대였다고 평가할 수 있습니다.

　아들 **조지 2세**(재위 1727~1760)도 독일에서 태어난 무력 투쟁 파로, 전쟁터에 나가 직접 군대를 이끈 마지막 왕이었습니다. 오스트리아계승전쟁(1740~1748), 7년전쟁(1756~1763) 등 프랑스와의 전쟁이 거듭되면서 조지 2세 치하의 대영제국은 대대적으로 뻗어 나갔습니다. 헨델이 왕을 위해 작곡한 개선가「데팅겐 테 데움」Dettingen Te Deum도 드넓은 세계로 울려 퍼졌습니다.

　덧붙이자면 오늘날의 영국 왕실은 조지 1세가 막을 올린 하노버 왕조의 직계입니다. 제1차 세계대전 당시 독일이 적국이었기 때문에 가문 이름을 영국식으로 윈저Windsor라고 바꾸어 오늘날에 이르렀습니다. 조지 1세로부터 4대 아래인 윌리엄 4세까지는 독일의 하노버 군주도 겸했습니다. 왕비는 독일계 왕족이었으며 빅토리아Victoria 여왕의 남편도 독일인이었던 만큼 독일계 혈통은 현재까지도 영국 왕가에 매우 농후하게 남아 있는 편입니다. 요컨대 윌리엄 1세부터 '대개 프랑스인'이었던 영국 왕은 조지 1세 때부터 '거의 독일인'이었던 셈입니다.

농민 조지

조지 3세(재위 1760~1820)는 영국에서 태어났고 모국어도 영어였습니다. 그러나 당초에 절대왕정의 부활을 꿈꾼 그는 실책을 거듭했습니다. 연줄이나 연고가 판을 치는 정치로 인해 그의 시대에는 부패가 만연했습니다. 그런데도 1756년에 시작된 7년전쟁이 조지 3세 재위 중에 프랑스로부터 승리를 거둠으로써 종지부를 찍었고, 캐나다의 퀘벡, 플로리다, 프랑스령 인도 등이 영국령이 되었습니다. 7년전쟁 중 1757년에 인도 동부의 플라시에서도 승리를 거두어 인도에 대한 지배권을 강화해 나갔습니다. 나중에 서술하겠지만, 1800년(1801년)에는 아일랜드도 합병합니다.

그런데 1775년에 발발한 미국독립전쟁이 1783년에 종결되자, 뒤이어 1789년에는 프랑스혁명이 일어납니다. 게다가 조지 3세는 유전병인 포르피린증porphyria*을 앓고 있었는데, 1788년에 병으로 인해 정신이상을 일으킵니다.

1783년에 이십대 초반의 나이로 수상 자리에 오른 윌리엄 피트 William Pitt the Younger(1759~1806, 대大피트의 아들)가 이 시기에 정치적 주도권을 잡았습니다. 그는 애덤 스미스의 자유주의 경제 정책을 채용해 프랑스와 자유무역협정을 맺고, 국채 감소와 밀수 단속 등에서 어느 정도 성과를 올렸습니다. 또한 동인도회사(아시아 무역을 위해 1600년에 설립해 식민지도 경영한 칙허勅許 회사)에 대한 국가의 감시와 통제를 강화하거나 캐나다를 더욱 전면적으로 지배하기도 했습니다. 그러나 프랑스혁명 이후 프랑스와 기나긴 전쟁을 벌이는 바람에 재정 회복은 물거품이 되고 말았습니다.

조지 3세는 조지 1세나 조지 2세보다 인기가 있었습니다. 선왕

---

* 혈액 속 헤모글로빈을 형성하는 물질의 대사장애로, 복통과 신경 이상 증세를 유발한다.

- 싹싹한 조지 3세

들이 기대를 배반하고 일반 서민의 눈을 피하려고 했던 반면, 그는 자신을 솔직하게 드러내고자 성심을 다했기 때문입니다. 국왕과 관련한 축전의 수나 규모가 조지 3세 시대부터 단번에 증가했습니다. 밝고 화려한 왕의 모습을 서민에게 보여 주는 것이 국내 질서의 안정과 전쟁에 임하는 사기의 고양으로 이어졌습니다.

특히 1797년 12월 세인트 폴 대성당에서 영국 해군이 네덜란드, 프랑스, 스페인에 승리한 것을 기념하는 감사제를 거행했을 때는 20만 명이 넘는 군중이 지켜보는 가운데 왕이 런던의 한길을 화려하게 행진했습니다. 그는 왕궁 밖으로 나와 숲이나 농장을 가볍게 산책했고, 일반 시민과 대화를 나누기도 했습니다.

때마침 신문 등 대중매체가 발달해 왕실에 관한 일반인의 호기심을 만족시켜 주기 시작했습니다. 1820년에는 영국 국내에서 300종이 넘는 매체를 발간했다고 합니다. 조지 3세는 잘난 척하지 않는 가정적이고 성실한 남편이자 아버지의 모습, 아울러 질병이나 세월 앞에서는 무력한 인간의 모습까지 만천하에 드러냄으로써 서민에게 친근한 존재가 되었습니다. 심지어는 그를 소박한 농부에 비유하는 풍자화도 있었고, '농부 왕', '농민 조지'라는 별명으로 불렸습니다.

국민의 사랑을 받은 조지 3세는 1820년에 세상을 떠났습니다.

프랑스 반대

하노버 왕조, 특히 조지 3세 시대는 영국이 대외 전쟁에 휘말려 식민지 경쟁에 발을 들이미는 시대였습니다. 앞서 말했듯 명예혁명을 거쳐 나라의 성격이 정해지고 나서 영국이 취한 대외 정책의 기본은 '프랑스 반대'였습니다. 그 결과는 19세기 초 나폴레옹전쟁까지 이어지는, 이른바 참혹한 '제2차 백년전쟁'이었습니다.

그와 동시에 영국이 프랑스와 식민지 전쟁을 벌였다는 점도 주목해야 합니다. 영국은 독일, 서아프리카, 서인도제도 등 프랑스령 식민지로부터 프랑스인을 내쫓고 전쟁을 일으켰을 뿐 아니라 1780년대 말부터 오스트레일리아와 뉴질랜드를 자국의 영토로 확

This is to give information for the benefit of all Jacobin Abolitionists, that Rebels are now spread at Lloyds, where the Sagacity of one Guinea is entitled a Hundred of the Gallows Cut throat is Alive 48 Hours after Landing on the British Coast.

Ho my little Boney! what dost think of Johnny Bull now? Plunder Old England hay? make French Slaves of us all? hey? ravish all our Wives & Daughters hay? O Lord, help that silly Heart! to think that Johnny Bull would ever suffer those Lanthorn Jaws to become King of Old Englands Roast Beef & Plumpudding.

BUONAPARTE. 48 Hours after Landing!

- 나폴레옹의 목을 높이 쳐든 프랑스 반대 풍자화

보했습니다. 이러한 신식민지에는 일확천금을 노리거나 새로운 가능성을 믿고 찾아오는 사람도 있었고, 죄수나 성가신 귀환병을 추방하는 장소가 되기도 했습니다.

　그 뒤로도 양국의 분쟁은 계속되어 나폴레옹전쟁(1803~1815)으로 이어졌습니다. 1805년에 넬슨 제독이 이끄는 영국 해군이 스페인 남쪽 해안의 트라팔가르에서 프랑스 해군을 타도했고, 1815년에는 웰링턴 공작이 벨기에 워털루에서 승리를 거두어 영국을 구했습니다. 영국의 국제적인 힘은 캐나다와 카리브해로부터 오스트레일리아와 뉴질랜드까지, 아프리카와 인도, 동남아시아를 통해 지배할 만큼 강력해졌습니다. 실로 오대륙으로 뻗어 나간 대제국을 거느린 것입니다.

'영국 국민'의 형성

현대 영국의 역사가 린다 콜리Linda Colley는 잉글랜드와 웨일스가 스코틀랜드와 합병한 1707년부터 빅토리아 시대가 정식으로 출범한 1837년 사이에 영국 국민의 정체성이 형성되었다고 기술했습니다.

무엇보다 무려 100년 동안 끊어졌다 이어졌다 하면서 프랑스와 치열하게 벌여 온 전쟁(스페인계승전쟁, 오스트리아계승전쟁, 7년전쟁, 나폴레옹전쟁 등)을 통해 깊이 뿌리내린 적대감에서 국민 의식이 비롯되었다고 봅니다.

구체적으로 말하면, 영국의 국민 의식은 프랑스와 대립하면서 생겨났을 뿐 아니라 잉글랜드 은행*을 비롯한 효율적이고 전국적인 재무 시스템과 거대한 군사 기구 설립에서도 유래했습니다. 또한 프랑스와의 적대 관계는 프로테스탄트와 가톨릭 간의 종교전쟁이기도 했기 때문에 단순히 정치나 귀족의 문제로 한정할 수 없고, 대중의 동의와 적극적인 협력을 얻어 위기에 대처할 수밖에 없었습니다. 그것이 바로 이 시기에 그레이트브리튼연합왕국의 주민

---

* 1694년 프랑스와의 전쟁으로 인한 재정난을 해결하기 위해 런던에 세운, 세계에서 가장 오래된 중앙은행.

을 하나의 '국민'으로 엮어 낸 근본적인 요인이라고 합니다.

문화적으로나 민족적으로 균등하지 않고 항상 불안정하게 요동치던 정체성이 그 시기에야 "생존을 걸고 세계 최강의 가톨릭 국가에 대항해 싸우는 프로테스탄트라는 자기규정"을 얻었다는 것입니다. 오랜 역사적 과정을 고려하면 이 주장은 약간 상대화해야 할지도 모르지만, 이 시기 영국의 적은 프랑스였고 근대 영국의 문화와 사회가 '프랑스 반대'를 특징으로 삼는다는 점은 틀림없습니다. 그후 영국은 프랑스와 계속 대치하면서 식민지 경쟁에서 승리했고, 19세기에는 '팍스 브리태니카'Pax Britanica(영국의 지배를 통한 평화), 대영제국을 건설해 갑니다.

영국은 더 이상 스코틀랜드, 웨일스, 아일랜드 같은 섬나라에 머물지 않고 새로운 세계로 진출했습니다. 그리하여 백인도 아니고 기독교도도 아닌 사람들이 사는 광대한 땅을 어떻게 다스릴까 하는 새로운 과제에 부딪쳤습니다.

아일랜드가 걸어온 길

그러면 12세기 헨리 2세 시대부터 지배하기 시작해 영국 최초의 식민지라고도 할 수 있는 아일랜드는 어떻게 되었을까요?

청교도혁명 이후 아일랜드의 가톨릭교도들은 잉글랜드 프로테스탄트 세력에 탄압받았고, 이에 대다수 귀족이 대륙으로 망명했습니다. 떠나지 못한 아일랜드인은 부재지주인 잉글랜드인의 지배 아래 농업 노동자로서 착취당했고 가난에 시달려야 했습니다. 게다가 1695년부터 발효된 '형법'에 따라 교육과 직업 등에서 제도적으로 차별받기에 이르렀습니다.

프랑스혁명의 영향을 받은 애국주의자들의 반란(1798)에 공포를 느낀 그레이트브리튼연합왕국은 1800년에 '연합법'을 제정합니다. 이리하여 아일랜드왕국과 그레이트브리튼연합왕국이 합병하고, 이듬해 1월 1일에 '그레이트브리튼및아일랜드연합왕국'을 수립합니다. 자치를 위협받는다는 이유로 법안에 반대한 아일랜드 의회 의원도 있었지만 법안은 통과되었고, 합병 이후의 의회에서 아일랜드는 100석 이상의 의석을 얻었습니다.

그렇지만 아일랜드에서는 토지와 자치 문제를 중심으로 해방을 위한 움직임이 끊이지 않았습니다. 청교도혁명부터 1829년 가톨릭 해방령까지 100년을 훨씬 넘게 아일랜드에 대한 억압과 차별이 계속되었습니다. 이로 인해 극소수 사람들이 지켜 낸 것 외에 민족 고유의 문화가 거의 모두 무너졌습니다. 아일랜드와 잉글랜드의 지속적인 대립과 갈등은 현대의 아일랜드 분쟁으로 이어집니다.

홍차를 마시는 영국 숙녀

한편 아시아로 식민지를 넓히던 영국이 가장 열광한 물품은 홍차입니다. 인도에 근거지를 두고 청(중국)에서 차를 수입했고, 나중에는 인도와 실론(스리랑카)에서 차를 재배하기 위한 최적의 자연환경을 찾아냈습니다.

영국의 차(홍차) 문화에는 왕과 왕실이 관련되어 있습니다. 청교도혁명 이후 왕위에 오른 찰스 2세가 1662년에 왕비(카타리나 데 브라간사)를 맞아들일 때 탕헤르와 봄베이를 지참금으로 받으면서 그와 함께 홍차를 마시는 습관이 영국 왕실에 전해진 것입니다.

당시 홍차는 왕후 귀족이라도 좀처럼 마시기 힘든 고가의 물품이었지만, 왕비는 하루에 몇 잔이나 홍차를 마셨습니다. 또 왕비가 머물던 서머싯 하우스Somerset House*를 찾는 귀족이나 젠틀먼에게 고가의 홍차를 대접했습니다. 메리와 윌리엄 부부도 모국인 네덜란드에서 홍차를 활발하게 수입했습니다. 동생인 앤 여왕은 아침 식사 때마다 거르지 않고 홍차를 마셨다고 합니다.

왕실을 통해 홍차를 알게 되고 그 맛에 흠뻑 빠진 젠틀먼들은 점차 가정에서도 홍차를 마시기 시작했습니다. 그렇다고 홍차의 보급이 금방 이루어진 것은 아닙니다. 맨 처음에는 감기, 눈병, 궤양, 통풍, 결석, 위장병 등의 치료제 또는 방부제로 사용하는 등 18세기 이전에는 어디까지나 사치품이었습니다. 그러다가 18세기 초부터 소비량이 급증해 1720년대에는 홍차가 수입 1위 품목으로 도약합니다. 1760년에는 동인도회사의 전체 수입 중 약 40퍼센트가 홍차에서 나왔고, 18세기 말에는 성별, 연령, 신분을 막론하고 1년에 1~2파운드(1파운드는 약 0.45킬로그램) 이상 소비했다고 합니다.

* 16세기 이후 왕족과 귀족이 머물던 템스강 부근의 저택. 18세기에 건축가 윌리엄 체임버스가 새로 지은 신고전주의 양식의 건물이 지금도 영국의 가장 위대한 공공 건축물 중 하나로 꼽힌다.

- 홍차를 즐기는 19세기 상류계급[데이비드 콤바 애덤슨, 「5시에 마시는 차」]

　홍차는 영국인의 가정생활과 사교 활동의 모습을 바꾸었습니다. 1660년부터 몇십 년 동안 커피가 인기를 끌면서 커피 하우스가 번성했는데, 차츰 커피 하우스에서도 홍차를 팔기 시작했습니다. 커피 하우스는 시민계급을 중심으로 남성들이 계급과 직업의 구별을 뛰어넘어 커피나 홍차를 마시며 대화하고 토론할 수 있는 사교의 장소였습니다. 아직 여성을 위한 공간은 없었지요.

　그런데 18세기 초중반에 걸쳐 가정에서 홍차를 마시는 습관이 급속하게 퍼지면서 오히려 여성이 주역으로 떠올랐습니다. 아침 식사 때는 가족과 차를 마시고, 오후에는 친구나 지인과 함께 누군가의 집에 모여 애프터눈 티afternoon tea를 즐겼습니다. 맛있는 홍차와 다과는 안주인이 솜씨를 뽐내는 자랑거리였습니다. 사람들은 오후에 차를 마시며 담소를 나누고 정보를 교환했습니다. 이리하여 홍차는 맥주와 함께 온 국민의 음료가 되었습니다. 1720년대부터 커피 하우스가 쇠락하는 대신 여러 가지 전시물, 건축물, 풍경을 관람하거나 산책하며 차를 마실 수 있는 야외 찻집(티 가든tea garden)이 생겨났습니다.

애프터눈 티는 1840년경 베드퍼드 공작의 부인 애나 마리아 러셀Anna Maria Russell이 점심과 저녁 사이 오후 3~6시경에 홍차와 함께 버터를 바른 빵이나 과자를 먹으며 허기를 달래던 데서 유래했다고 합니다. 홍차는 귀족적이고 고귀한 성격을 띠는 만큼 차를 끓이고 마시는 법에서 상류층의 예의, 품위, 가정교육이 드러난다고 여겼습니다.

귀족의 저택에서 시작된 차 문화는 점차 중류계급과 노동자에게도 전해졌습니다. 그러자 상류층에서는 차를 준비하는 방식, 차를 끓이는 동작, 차와 관련한 용품, 홍차의 질 등으로 우월함을 드러내려고 했습니다.

홍차 수요는 계속 늘어나는데 멕시코에서 들여오던 은 공급이 중단되면서 은값이 폭등하자 영국은 중국(청나라)에 은화를 충분히 지불할 수 없게 되었습니다. 이에 영국이 1830년까지 인도에서 대대적으로 생산한 아편을 동인도회사를 통해 중국에 1,500톤이나 수출했고, 아편을 판매해 얻은 대량의 은화로 중국에서 홍차를 구매했습니다. 이와 같은 영국의 악랄한 수법에 중국 정부가 반발해 일어난 사건이 바로 아편전쟁(1840)입니다.

19세기에 영국은 식민지 인도와 실론, 나아가 동남아시아에서 차나무를 재배하기 시작합니다. 인도의 동북부와 히말라야 산기슭의 아삼 지방이 가장 중요한 재배지입니다. 그곳에서 자라는 차나무의 장점을 살려 중국산보다 향이 풍성하고 색깔이 짙어 영국인이 더 좋아하는 홍차를 생산했습니다. 설탕과 우유를 곁들이면서 홍차의 매력은 더욱 커졌습니다.

좋은 술과 나쁜 술

17세기 이후에 영국인이 홍차만 마신 것은 아닙니다. 퍼브Pub(선술집)가 성황을 누린 것만 보더라도 맥주의 인기를 짐작할 수 있습니다.

역사를 조금 거슬러 올라가 볼까요? 중세 시대부터 사람들은 맥주를 꽤 자주 마셨습니다. 보리의 맥아를 물에 넣어 끓이고, 그것을 거른 액체에 효모를 넣어 발효시키면 맥주가 만들어집니다. 수도사들은 맥주 제조의 명인이었고, 농민들도 각 가정에서 맥주를 만들었습니다. 생수는 비위생적이고 몸에 나쁘다는 이유로 물 대신 맥주를 마시는 일도 많았습니다.

13세기 후반부터 14세기까지 인inn(객점)이나 에일하우스 alehouse(맥줏집) 등 서민을 위한 술집이 도시에 빽빽하게 들어섰습니다. 그런데 이곳들이 도박, 매춘, 범죄의 무대로 변질되고 쇠퇴하면서 그 대신 태번tavern이라는 선술집(겸 여관)이 등장했습니다. 태번은 수적으로 에일 하우스에 미치지 못했지만 부유층을 대상으로 성장하면서 16~18세기에 전성기를 누렸습니다. 처음에는 포도주만 제공하다 나중에는 맥주도 판매했지요.

궁정에서도 맥주를 대량으로 소비했습니다. 특히 헨리 8세와 엘리자베스 1세 시대에 맥주 소비가 두드러졌습니다. 궁정의 귀부인들은 아침 식사 자리에 맥주 1갤런(약 4.5리터)*을 내왔고, 아랫사람들에게도 1갤런 내지 반 갤런을 제공했습니다. 술을 좋아했던 엘리자베스 1세는 아침부터 맥주를 1쿼트(약 1.13리터)나 마셨다고 하는데, 술에 취해 흐트러진 적은 한 번도 없었답니다.

애초에 영국인은 맥주가 영양을 보충하기 위한 일종의 식사이자 심신을 건강하고 튼튼하게 하는 음식이라고 여겼습니다. '프랑스인처럼 쾌락을 좇아 포도주만 마시다가는 타락하고 만다'는 사고방식으로 포도주 수입을 제한했을 정도입니다. '몸에 좋은 맥주'는 도시의 육체노동자가 많이 마셨습니다. 18세기 런던의 항만 노동자는 맥주를 하루에 6파인트(약 3.4리터)나 마셨다고 합니다.

영국인이 '좋은 술'을 대표한다고 여긴 술이 맥주라면, '나쁜 술'의 대표는 진gin이었습니다. 진은 주로 네덜란드에서 수입했고 국내에서도 증류했는데, 조악한 것이 많았습니다. 그래도 '나쁜 술'인 진은 크게 유행했습니다. 가난한 육체노동자들은 하루의 피로와 노

---

*　　본문에 나오는 단위는 모두 영국 기준으로 환산했다.

- 윌리엄 호가스의 「맥주 거리」(왼쪽)와 「진 골목」(오른쪽)

동의 고단함을 잊기 위해 알코올 도수가 높아 취하기 쉬우면서도 값싼 술을 찾았기 때문입니다. 이들의 수요에 부응해 불결하고 저속한 진 숍gin shop이 여기저기 들어섰습니다.

당연하게도 질 나쁜 진을 과음하여 건강을 해친다거나 진 숍이 퇴폐 업소로 변질되는 일이 사회문제로 떠올랐습니다. 이 때문에 1736년에 '진 단속법'을 발포했습니다. 1740~1760년대에 정부는 진 숍에 대한 간섭과 규제를 강화했습니다. 그 뒤로도 19세기 초까지 여러 법안을 제정하거나 협회를 설립하여 진의 폐해를 막고자 했습니다.

런던에서 태어나고 자란 풍자화가 윌리엄 호가스William Hogarth (1697~1764)는 1751년에 「맥주 거리」Beer Street와 「진 골목」Gin Lane이라는 대조적인 작품을 그렸습니다(167쪽 그림 참조). 전자는 국왕 조지 2세의 생일을 축하하며 맥주를 마시는 사람들을 통해 다양한 직업을 가진 런던 서민의 활기찬 생활을 그린 반면, 후자는 진을 과다하게 마셔 타락하고 피폐한 서민의 암울하고 비참한 광경을 그렸습니다. 진을 마시고 고주망태가 된 사람, 알코올 중독으로 죽은 사람 능 실로 진은 지옥의 술이라고 호소하는 듯합니다.

인클로저에서 산업혁명으로

이번에는 산업으로 눈을 돌려봅시다. 15세기 후반부터 16세기에 걸쳐 영국은 단순히 양모를 공급하는 것이 아니라 모직물을 생산하는 공업국이 되었습니다. 그리고 지주인 젠트리는 농민들에게서 밭을 빼앗아 공유지와 더불어 울타리를 치고 양 목장으로 바꾸었습니다. 이것을 '제1차 인클로저'라고 합니다. 각지로 뻗어 나간 해외시장에 내다 팔 모직물 생산이 활발해지는 동시에 마을에서 쫓겨난 농민들이 매뉴팩처(공장제 수공업)의 임금노동자로 변해 갔습니다. 한편, 직물 제조의 모든 공정을 직접 관리하는 직물 제조업자는 새로운 자본가계급의 중핵이 되었습니다.

그렇다고 농업이 쇠퇴한 것은 아닙니다. 17세기가 되면 농업의 자본주의적 경영과 상업적 곡물 생산이 활발해지고, 18세기에는

'농업혁명'이 일어나 식량 생산도 비약적으로 증가합니다.

1701년에 씨 뿌리는 드릴을 발명하면서 일직선에 맞추어 계산한 만큼만 씨를 뿌릴 수 있게 되었습니다. 또 16세기 네덜란드에서 시작된 돌려짓기 農法을 들여와 노퍽 농법이라는 이름으로 널리 보급했습니다. 콩과 식물(클로버)을 심은 밭을 그대로 가래로 갈아엎어 지력을 회복함으로써 농작물의 생산량을 높였고, 겨울에는 순무를 재배해 가축의 사료로 먹이면서 농한기를 넘겼습니다. 가축을 살지게 키울 수 있게 되면서 1년 내내 신선한 우유와 버터도 얻을 수 있었습니다.

새 농법을 더욱 효율적으로 운영하기 위해 정부의 주도 아래 또다시 인클로저를 실시했습니다. 이것이 1760년대부터 1820년대까지 왕성했던 '제2차 인클로저'입니다. 이번에는 곡물 가격이 뛰어오르는 점에 눈을 돌린 지주와 농업 자본가가 개방 경지(공동 경지)를 인클로저로 사유화하고 상품으로 팔 곡물을 생산하기 위해 농업 노동자를 고용했습니다.

인클로저와 설비 향상 및 기계화의 물결 속에서 실업자로 내몰린 농민 중에는 땅을 버리고 탄광이나 공장이 있는 신흥 공업지대로 흘러드는 사람이 많았습니다. 이러한 경향과 더불어 다양한 발명과 기술 혁신을 통해 18세기 중반부터 19세기에 걸쳐 산업혁명이 일어났습니다.

이미 18세기 중반부터 면직물을 중심으로 공장제 기계 생산이 이루어졌는데, 석탄을 이용하는 증기기관의 개선으로 대규모 공

- 산업혁명 당시 개통한 글래스고―가른커크 철도

장 생산이 가능해졌습니다. 재료가 되는 면화는 미국에서 대량으로 들여왔습니다. 1830년 전후부터 영국은 세계 주요한 공업 생산의 50퍼센트 가까이를 담당하는 '세계의 공장'이 되었습니다. 공장제공업 도시인 버밍햄, 맨체스터, 리버풀, 리즈, 셰필드 등이 새로운 경제 중심지로 우뚝 섰습니다. 인구도 증가해 19세기 초에는 약 1,400만 명을 기록했습니다.

산업혁명을 이룬 기술 혁신과 발명을 구체적으로 살펴보면, 석탄 코크스를 이용한 제철법 확립, 교통망(운하와 도로)의 정비, 증기 기관에 의한 철도망 확장 등을 들 수 있습니다. 특히 직물업과 관련해 플라잉 셔틀flying shuttle, 제니 방적기, 수력 방적기, 뮬 방적기, 증기로 구동하는 직물 기계 등이 연이어 발명되었습니다. 직공들은 이러한 새로운 발명으로 인해 일자리를 빼앗길 위기를 느끼고 러다이트Luddite 운동(노동자들의 기계 파괴 운동)을 일으켰습니다. 이 운동은 1811년에 절정을 맞았는데, 정부는 주동자를 교수형에 처하거나 오스트레일리아로 보내는 등 엄하게 처단했습니다. 또한 같은 시기에 농촌에서도 러다이트 운동이 일어나 탈곡기 파괴, 방화, 폭동 등이 발생했습니다. 이것을 스윙 폭동*이라고 부릅니다.

폭동이 일어난 이유는 산업혁명의 결과로 도시 인구가 급증하고(19세기 초에는 전체 인구의 20퍼센트였던 것이 19세기 중반에는 50퍼센트, 1881년에는 3분의 2까지 증가) 노동 환경이 악화되어 노동자들이 장시간 노동, 임금 저하, 실업과 질병 등으로 고통 받았기 때문입니다. 노동자의 4분의 1이 장티푸스에 걸렸다고 하니까요.

미국독립전쟁으로 굴욕을 맛본 영국은 공업화와 도시화를 진전시키고 세계시장으로서 식민지를 확장하며 자신감을 되찾았습니다. 그러나 찬란한 영광의 이면에는 노동자들의 비참한 상황이 드리워 있었습니다. 아울러 산업화 시대에 들어와 사회를 움직이는 주체는 귀족에서 중산계급으로 옮겨 갔습니다.

훌륭한 정원

앞서 말한 것처럼 영국은 18세기 이후에 차례차례 식민지를 넓히

---

* 1831년 잉글랜드 남동부 지역 노동자들이 낮은 임금과 탈곡기 도입에 불만을 품고 일으킨 폭동으로, 주동자인 캡틴 스윙의 이름을 따서 스윙 폭동으로 불린다.

면서 풍부한 물자를 들여왔고, 산업혁명을 통해 도시화와 공업화를 급속하게 진전시켰습니다. 그와 동시에 영국인의 자연 사랑은 더욱 깊어졌습니다. 이는 정원을 좋아하는 성격에서 잘 드러납니다. 런던 시내에 광대하게 펼쳐진 공립(왕립) 공원을 비롯해 컨트리 하우스(128쪽 참조)에 딸린 정원과 서민 주택의 뜰에 이르기까지 그야말로 다양한 정원이 있지만, 하나같이 정성을 들여 가꾼다는 점에서는 다를 바 없습니다.

정원은 시대에 따라 유행하는 조성 방식이 달랐습니다. 크게 '정형 정원'과 '풍경 정원' 또는 '자연 정원'으로 나눈다고 할 때, 엘리자베스 1세 시대부터 17세기까지는 '정형 정원'을 선호했습니다. 프랑스의 베르사유궁전을 최고의 모델로 삼아 기하학적 질서에 따라 정원을 조성했습니다. 그야말로 인공미의 극치를 지향했지요. 18세기부터는 '풍경 정원' 또는 '자연 정원'이 인기를 얻었습니다. 눈으로 볼 수 있는 실제 자연의 풍경을 정원에 고스란히 담아내기 위해 직선이나 좌우대칭 대신에 구불구불 미로 같은 길이나 물길을 그대로 두고 나무나 화단을 불균형하게 배치한 것을 볼 수 있습니다. 물론 너무 심하게 뒤틀린 모양은 싫어했지요.

왕후 귀족은 규모가 큰 프랑스식 정원이나 장식이 풍부한 이탈리아식 정원도 만들었지만, 젠틀먼은 컨트리 하우스의 정원을 꾸밀 때 좀 더 아담하고 자연의 풍취를 살리는 편을 좋아했습니다. 좌우대칭을 피하고 가로수와 잔디, 암석정원*과 화단, 관목림, 폭포, 작은 언덕 등을 배치했습니다. 화단에는 계절마다 피는 꽃과 풀, 나무

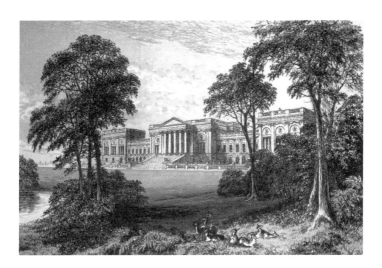

- 영국의 풍경 정원(스토 풍경 정원)

를 바꾸어 심는 데 심혈을 기울이며 모두 고상한 취미를 뽐냈습니다. 꾸미지 않은 듯 자연미가 풍기도록 품을 들이는 것이 더할 나위 없는 즐거움이었습니다.

이러한 젠틀먼의 정원 가꾸기 취미가 19세기에는 중류계급으로도 퍼져 나갔습니다. 꽃을 좋아하는 모든 계층의 사람들이 꽃집과 식물원으로 모여들었습니다. 오늘날에도 "뜰을 가꾸기 싫어하는 영국 남자는 없다"는 말이 나올 만큼 영국인들은 도회지의 아파트에 살더라도 발코니에 화분을 늘어놓습니다. 계급에 따라 좋아하는 꽃이 다른 점도 흥미롭습니다. 물론 여성도 정원 가꾸기를 매우 좋아

---

*　　록가든(rock garden). 주로 고산식물과 자연석을 조화롭게 배치한 정원.

했고, 여성을 위한 가드닝gardening 전문 잡지도 간행되었습니다.

예로부터 왕가에서도 왕실에 딸린 정원을 소중히 여겼고, 귀족과 젠틀먼은 궁중 정원을 본보기로 삼아 자신의 뜰을 가꾸는 데 여념이 없었습니다. 찰스 1세의 왕비 앙리에타 마리도 정원 가꾸기가 취미였습니다. 그녀는 앙드레 몰레André Mollet라는 프랑스 정원사에게 의뢰해 1639년에 남편이 사 준 윔블던 하우스에 정원을 조성했습니다. 스튜어트 왕가는 프랑스풍의 정형 정원을 선호했습니다. 장식적으로 깎은 키 작은 상록수가 질서정연하게 늘어서 있고, 운하가 직선으로 흐르는 웅장하고 화려한 바로크식 정원이었습니다. 얼마 지나지 않아 청교도혁명이 일어났기 때문에 충분히 호화롭게 마무리하지는 못했습니다. 화이트홀, 서머싯 하우스, 세인트 제임스 파크, 윔블던 하우스, 리치먼드 파크, 그리니치 파크, 햄프턴 코트, 켄싱턴 코트 등 왕실 정원까지 혁명의 여파로 가차 없이 파괴되었습니다. 이들 정원은 왕정복고 이후 곧바로 수리하거나 재건했습니다.

플랜트 헌터의 활약

또 하나, 왕실과 귀족의 정원은 식물학 및 식물 수집의 중심지가 되었다는 점도 중요합니다. 큐 왕립 식물원으로 대표되는 영국의 식물원에는 식민지에서 입수한 진귀한 식물 표본들을 모아 놓았습니다. 왕실 및 귀족 정원의 정원사 출신인 '플랜트 헌터'plant hunter*

는 세계 각지를 돌아다니며 처음에는 약초, 향신채, 식용 식물 등 유용한 식물들을 필사적으로 모아들였지만, 결국에는 희귀하고 아름다운 미지의 식물을 수집하는 데 집중했습니다. 그들은 원예 상인이 되어 재배 농원을 경영하면서 희귀 식물을 판매했습니다. 이런 장사는 18세기 후반에 가장 번성했습니다. 19세기에 들어오면 몇몇 원예 협회가 결성되어 원예 지식을 나누고 알리며 전시회를 열거나 원예 잡지, 식물학 잡지도 발간했습니다.

영국의 식물 수집 역사에서 가장 중요한 인물은 식물학자 조지프 뱅크스Joseph Banks(1743~1820)입니다. 그는 세계 각지로 플랜트 헌터들을 파견해 식물을 수집함으로써 자신이 경영을 맡은 큐 왕립 식물원을 전 세계 식물 정보가 모이는 중심지로 만들었습니다. 국왕 조지 3세도 조지프 뱅크스의 식물 수집에 관심을 갖고 그를 후원했습니다. 당연하지만 새로운 식물이 유입되면서 영국에서 식물학, 원예, 조원造園이 발전했습니다.

이렇듯 온 세계의 식물을 수집해 영국으로 들여오는 데 열중한 배후에는 영국(왕)이 세계를 지배하고 빈틈없이 세계를 감시하며 정보를 집적하고 있다는 메시지도 은근히 깔려 있었을 것입니다.

---

*   16세기 이후 유럽에서 해외 식민지를 개척하면서 직업적으로 이국의 식물을 탐색하고 수집한 사람들. 정원 가꾸기에 여념이 없던 영국인들이 만들어 낸 개념으로, 취미 생활이 돈벌이 수단으로 발전하면서 차츰 하나의 직업으로 각광받았다.

왕실과 동물원

식물원과 함께 왕실과 관계가 깊은 '동물원'에 대해서도 살펴봅시다. 대영제국 확장에 힘을 쏟는 과정에서 식물 표본뿐 아니라 야생 동물도 포획해 사육하고 연구하기 시작했습니다. 이것도 영국이 원격지를 지배하고 있다는 것, 영국의 상업과 경제력이 아시아까지 미치고 있다는 것을 상징합니다.

왕립 동물원은 중세부터 있었지만, 17세기 후반에 본격적으로 먼 나라의 동물이 들어와 왕국의 위업을 드러내기에 이르렀습니다. 각기 삶의 터전이었던 여러 대지를 상징하는 동물원의 인기 동물들은 세계에 널리 퍼진 영국의 패권을 똑똑히 보여 주면서 조국에 대한 봉사심을 불러일으켰습니다.

왕립 공원인 리젠츠 파크Regent's Park의 동물원(현 런던 동물원)은 1828년에 문을 열어 대성공을 거두었습니다. 빅토리아 여왕과 에드워드 7세도 열대국 왕후가 보내 준 사자, 얼룩말, 호랑이, 표범 등을 수용한 동물원이 영국의 국제적 지위, 나아가 영국 왕실의 국제적 지위를 상징한다고 생각했던 듯합니다.

개인주의자의 사교

영국인은 '비사교적이고 재미없는 사람들'이라는 평판을 듣는 편입니다. 사생활을 중시하고 자제력이 강하다고도 말할 수 있겠지만, 영국인의 전형적인 모습은 식탁을 둘러싼 태도에서 확인할 수 있습니다.

대다수 유럽인에게 함께 식사한다는 것은 곧 대화를 나눈다는 뜻입니다. 예컨대 프랑스에서는 식탁에서 나누는 대화의 기술을 중시하고, 주인은 즐거운 대화를 이끌기 위해 시종일관 신경을 기울입니다. 반면 영국에서 대화란 이웃 사람과 주고받는 인사 정도로, 아침 식사는 시간이 오래 걸리지 않도록 말없이 먹는 것을 이상적으로 여긴다고 합니다. 커피 하우스나 요리점에서도 서로 방해되지 않게 칸막이를 친 공간을 중시합니다.

그러므로 영국의 파티만큼 따분한 것은 없을 것 같은데, 실제로 영국인만큼 저녁 식사 모임을 자주 갖는 국민도 드뭅니다. 놀랍게도 영국인은 공적으로나 사적으로 모임을 자주 가질 뿐 아니라 모두 함께 모여 파티를 즐기곤 합니다.

영국인은 '개인주의자'라고들 합니다만, 그것은 자발적으로 모여 동아리나 집단을 무한히 결성하는 '사교의 기풍'과 연관됩니다. 영국인은 사교성이 없기 때문에 오히려 클럽이나 파티를 열고 적극적으로 참가합니다. 이러한 경향은 19세기 전후에 가장 두드러졌는데, 역사적으로는 그보다 더 거슬러 올라갑니다. 중세 말기에는 종교적인 신앙 공동체나 상호부조 자선단체로서 여러 길드와 형제회가 만들어졌고, 종교개혁으로 그런 조직이 해산된 이후에도 비슷한 단체가 사교의 근거지로서 계속 기능합니다. 17세기에 들어서면 클럽이나 협회, 그 밖의 단체가 취미나 자선, 식도락 등 다양한 목적에서 우후죽순으로 결성되었고, 커피 하우스나 퍼브 같은 공간도 사교에 가세했습니다. 18세기에는 정원, 산책로, 극장, 공연장, 집회장 등도 사교를 위한 시설로 이름을 올립니다. 어느 단체에 참가할지, 누구와 사귈지를 스스로 선택할 수 있었고, 그 가운데 자신의 개성을 발휘할 수 있었습니다.

프랑스 사상사 몽테스키외는 『법의 정신』*De l'esprit des lois* (1748)에서 "영국인은 열정적으로 자유를 즐기기 때문에 각자 스스로를 군주로 여긴다"며 영국인의 철저한 개인주의에 깊이 감동하고 있습니다만, 영국인에게 개인주의와 단체주의는 모순되지 않습니다.

18세기에는 주로 상인들이 나서서 애국주의적 단체를 조직했습니다. 영국이 '프랑스 반대'를 국가 정체성의 근거로 삼기 시작할 무렵 찰스 에드워드 스튜어트가 왕권을 노리고 침입하자 런던 대상인들은 '반프랑스·가톨릭 대협회'라는 편집광적인 단체를 결성했습니다. 공예 협회, 해양 협회, 군대 협회도 만들었는데, 어느 것이나 프랑스에 대항한다는 목표를 내걸었습니다.

프랑스 반대뿐만 아니라 온갖 종류의 목표를 내건 단체들이 각지에서 생겨났습니다. 장미 재배, 스포츠, 철학, 다트, 이상 성애 Paraphilia 등 공통의 관심사를 가진 회원들이 평등하게 친목을 도모했습니다. 이러한 단체들은 외부와는 단절된 배타적인 성격의 모임이었습니다. 이런 단체들은 왕의 후원을 받기도 했습니다. 조지 2세는 해양 협회에 본인 이름으로 1,000파운드, 손자인 왕태자 이름으로도 400파운드를 기부했다고 합니다.

자선의 심층

17세기부터 모임이나 단체 활동이 활발해지는 현상에 발맞추어 많은 영국인이 자선과 사회봉사를 인생의 커다란 목적으로 삼기 시작했습니다. 집단의 봉사는 집단 외부에 있는 약한 자와 곤궁한 자를 향한 자애로 발전했습니다.

오늘날에도 영국인은 스스로 아낌없이 베푸는 아량 있는 민족이라고 자부합니다. 다른 나라에서는 국가 책임으로 돌리는 일들, 가난하고 병든 이들이나 장애자를 배려하고 구제하기 위한 다양한 자선 활동을 영국에서는 일반 시민들이 자발적으로 담당하는 경우가 많습니다. 이는 젠틀먼이 무급으로 정치를 담당해 온 역사와도 관계가 있을 듯합니다. 고귀하고 사심 없는 봉사에 영국인은 더할 나위 없는 기쁨을 느낍니다.

그러나 영국인의 자선은 자기선전이나 자기만족이라는 비판을 받기도 합니다. 영국 각지에 있는 교회 벽은 지방의 유력한 집안이 베푼 자선사업을 선전하기라도 하듯 그들의 이름으로 빼곡하게 뒤덮여 있습니다. 아무도 모르게 익명으로 베푸는 자선은 그다지 좋아하지 않는 모양입니다.

여하튼 영국에서 집단적인 자선 활동이 눈에 보이는 형태를 갖추기 시작한 것은 청교도혁명과 명예혁명 같은 일련의 혁명 이후부터 19세기 초에 걸친 시기가 아닐까 합니다. 유럽의 다른 나라들과 마찬가지로 영국도 중세 시대에는 주로 교회와 수도원을 통해 자선

사업을 벌였습니다. 그러나 종교개혁 이후에는 자선사업이 탈종교
화하여 좋든 나쁘든 민간의 손으로 넘어갔습니다.

영국 근대사 연구자인 가나자와 슈사쿠金澤周作의 『자선과 영국
근대』チャリティとイギリス近代(교토대학학술출판회, 2008)에 따르면, 영국
의 자선활동 조직은 대체로 18세기 후반부터 19세기, 다시 말해 산
업화에 따른 불균형과 빈부 격차가 두드러지게 심화된 시기에 유례
없이 절정을 맞이했다고 합니다. 자선의 대상은 영국인 동포 가운
데 가난한 사람, 병자, 고아, 노인, 창부, 재난 피해자, 그리고 노예
와 동물까지 포함했습니다. 공적인 구빈 행정과 구별해 민간이 주
도하는 자선을 필랜스러피Philanthropy(박애주의와 인도주의를 바탕에 둔
순수한 자선)라고 부릅니다.

지금도 필랜스러피의 존재감이 가장 잘 드러나는 나라는 영국입
니다. 당연히 영국에서 출범한 자선 관련 협회나 사업도 아주 많습
니다. RSPCA(왕립동물학대방지협회), 구세군, YMCA(기독교청년회), 노
숙자 자활을 지원하는 잡지《빅 이슈》Big Issue 등이 있지요. 그 밖
에도 아프리카의 기아를 구제하거나 세계에서 빈곤을 퇴치하려는
목적으로 대대적인 음악회도 자주 개최합니다.

자선을 좋아하는 영국인의 특성에 대해 현실에 존재하는 착취와
궁핍이라는 근본적인 문제를 은폐하는 위선이라고 비판하기도 합
니다. 하지만 '대범하고 약자에게 친절한 영국인'의 이미지는 오늘
날에도 국내적으로나 국제적으로나 영국인의 정체성에 있어 핵심
으로 작용하기 때문에 포기할 수 없을 겁니다.

복지 군주제

그러므로 영국인의 마음속 중심을 차지하는 왕실이 자선이나 독지 활동에 열심히 나서는 것은 당연할지도 모릅니다. 중세 이전에도 '세족 목요일'Maundy Thursday*이나 '왕의 손길' 의식을 치를 때 식사를 대접하거나 금품을 하사하는 일은 있었습니다. 하지만 국왕의 종교적인 관행이 세속적이고 사회적인 자선사업, 즉 채리티charity가 된 것은 1760년에 즉위한 조지 3세 이후였습니다.

프랭크 프로차스카Frank Prochaska가 『왕의 자비―복지 군주제의 형성』Royal Bounty: The Making of a Welfare Monarchy(예일대학출판부, 1995)에서 분명히 밝힌 바, 조지 3세 시대는 자선단체가 유례없이 규모를 키워 '베푸는 시대', '자선의 시대'로 불렸습니다. 조지 3세 자신도 자비가 넘치는 왕으로 알려져 있습니다. 1763~1772년의 기록에 따르면, 왕이 개인 수입 4만 8,000파운드 가운데 왕궁 고용인의 급여 등을 제하고 남는 2만 7,500파운드를 개인적인 자선사업에 거의 다 사용했다고 합니다. 조지 3세가 특히 열심을 쏟은 아홉 가지 자선사업으로 왕립제너**협회, 천연두 예방접종 병원, 세인트 조지 병원, 보육원, 빈민의 생활 조건 개선 및 복리 증진을 위한 협회 등이 있습니다. 빈민 교육에도 진지한 관심을 기울이기 시작했다는 점 또한 주목할 만합니다.

---

*   부활절 전의 성목요일로, 예수가 제자들의 발을 씻어 준 데서 유래했다.
**   1796년에 천연두를 예방하는 종두법을 개발한 영국 의사 에드워드 제너(Edward Jenner).

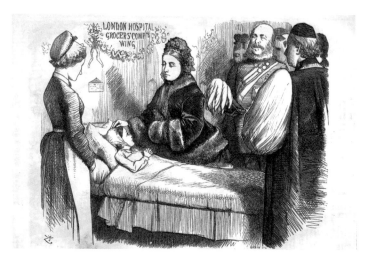

- 런던 병원에서 아이를 돌보는 빅토리아 여왕

　조지 3세의 외증손인 에드워드 7세도 재위 중에 250개에 이르
는 자선단체를 후원하고 또 다른 250여 가지 복지 활동처에도 매년
기부했습니다. 실로 대영제국의 자선사업을 촉발한 인물로는 비견
할 사람이 없었습니다. 에드워드 7세는 가난한 병자를 보살피고 치
료 실천을 개선한다는 목표를 내걸고 '에드워드 왕 병원 기금'을 만
들었습니다. 그가 다스리는 동안 외국에서 태어나 영국에 정착한
부호들이 대거 참여해 거액을 모금했습니다.

　왕이 세상을 떠난 1910년까지 모인 기부금이 200만 파운드에
달했습니다. 이를 매년 약 15만 파운드씩 런던의 병원에 후원했습
니다. 귀족들도 왕을 따라 자선 활동의 매력에 빠졌습니다. 다만 귀
족들은 영예라는 보답을 원했습니다. 그들은 자선 행위의 대가로

특별히 왕의 기사 서임을 기대했습니다.

그 뒤로도 역대 왕과 왕족은 거의 예외 없이 자선사업에 적극적으로 뛰어들었고 수많은 독지 협회에 후원자나 회장으로 관여했습니다. 오늘날에도 왕실은 무척 많은 자선사업을 벌이고 있습니다.

왕이 자선사업에 열의를 보이기 시작한 까닭은 18세기 후반부터 왕의 정치력이 점점 약해졌기 때문일 것입니다. 자선사업은 왕이 '인민의 아버지(어머니)'로서 중류계급을 비롯한 각 계층의 공감을 얻을 수 있는 가장 효율적인 수단이었습니다. 왕족이 자선 조직과 단체의 우두머리 또는 후원자 자리에 앉고, 그 아래 귀족, 젠트리, 부유한 시민이 간부와 운영위원을 맡았습니다. 귀족적인 광채가 나는 이러한 조직과 단체에 중산계급도 돈을 기부했고 그것이 빈민, 약자, 병자 구제로 이어졌습니다. 이렇게 자선은 기존의 계급사회를 정당화하고 유지하는 효과도 있었습니다.

요컨대 자선이야말로 계급사회인 영국의 계급 전체를 결합해 주는 접착제였습니다. 종교, 지지 정당, 성별에 관계없이 대중이 공감하는 교육이나 반노예제 같은 대의명분에 왕이 동참하여 국민의 지지를 얻을 수 있다는 점이 자선의 핵심입니다. 19세기 후반부터는 왕족들이 인도 등 제국 각지로 뻗어 나가 자선 행위에 힘을 기울이기 시작했습니다. 이로써 영국 본토뿐 아니라 식민지의 신민도 자애로운 국왕이 지켜 준다는 희망적이고 따뜻한 허구에 마음을 의탁했습니다.

용맹하고 무자비한 사람들

자선사업을 특별히 중요하게 여기는 것은 틀림없이 우수한 국민성이라고 할 만하지만, 실은 지극히 무자비한 잔학성으로 악명을 떨쳐 온 것도 바로 영국인입니다.

영국에서는 중세의 기사는 말할 것도 없고, 용병이나 징집병이 대두하면서 출전할 기회가 적어진 엘리자베스 시대의 귀족도 전투야말로 자신의 신분을 드러내는 일이라고 생각했습니다. 귀족들은 엄청난 무기를 성에 쌓아 두고 자랑스럽게 바라보았습니다. 여러 전쟁터를 거치며 죽음의 위기를 극복한 경험이 없는 귀족은 명예롭지 못하다는 평가를 받았습니다. 화기가 발달해 말을 타고 적을 무찌르는 일이 무의미해진 18세기에도 용맹무쌍한 태도야말로 변함없는 귀족의 자질이었습니다.

사사로운 결투도 심심치 않게 벌어졌습니다. 귀족뿐 아니라 남성이라면 누구라도 주저하지 않고 싸움에 나설 만큼 용감하고 호전적이라야 칭송받았습니다. 폭력과 남자다움은 하나였고, 싸움 앞에서 기가 죽는 사람은 계집애 같다고 비난받았습니다.

역사가 키스 토머스Keith Thomas의 『삶의 끝―근대 초기 영국에서 성취로 가는 길』The Ends of Life : Roads to Fulfilment in Early Modern England(옥스퍼드대학교출판부, 2009)에 따르면, 1571년에 설교사 존 노스브룩John Northbrook이 "싸움 좀 한다고 으스대면 정직한 남자, 사람을 죽일 수 있고 노상강도질에 나설 수 있으면 훌륭하고 용감한 남자라고 여긴다"며 한탄했다고 합니다. 1690년대 영국을 여행한 위그노(프랑스 칼뱅파 프로테스탄트) 저술가 앙리 미숑Henri Misson은 "싸움의 양상을 드러내는 것은 무엇이든 영국인의 눈에 감미롭게 비친다"고 말했습니다. 『로빈슨 크루소』로 유명한 18세기 작가 대니얼 디포도 이렇게 주장했습니다. "우리 영국 남자들은 가장 용감하고 가장 훌륭하다. 왜냐하면 상반신을 벗고 맨주먹으로 방 안이나 무대 위에서 다른 어떤 나라의 남자와 일대일로 붙더라도, 설령 그가 세계에서 가장 용맹한 남자라고 해도 필시 때려눕힐 것이기 때문이다." 빅토리아 시대의 존 매너스John Manners 경은 "싸움은 영국인에게 선천적으로 어울리는 일이며, 평화의 기술을 위해 희생시켜서는 안 된다"고 적었습니다.

근세에는 용맹함이 곧 남자다움이라는 사고방식이 영국 전체로 파고들었습니다. 이른바 호전적이고 배짱 두둑한 성격이 영국인의 국민성으로 굳어진 겁니다. 이는 근대와 현대에도 계속 이어져 국내뿐 아니라 해외에도 나쁜 영향을 끼쳤습니다.

군대를 이끄는 왕

왕도 예외는 아니었습니다. 왕이야말로 최고의 군인이고, 실제로 전쟁을 지휘하고 적을 타도하지 않은 왕은 군주의 자격이 없었습니다. 영국 왕은 전쟁터에서 늠름하고 용감하게 행동하는 것을 이상적인 군주의 태도라고 생각해 선두에 서서 군대를 이끌었습니다.

- 틸버리의 엘리자베스 1세

　중세의 리처드 1세 사자심왕은 용맹한 기사의 귀감이었고, 근세 초기의 헨리 8세도 군인으로서의 명성을 중요하게 여겼습니다. 엘리자베스 1세는 스페인 무적함대를 물리칠 당시 갑옷과 투구를 착용하고 군마에 올라탄 모습으로 런던항(틸버리)에 나타났다고 합니다. 앤 여왕은 직접 용맹하게 군대를 지휘했습니다. 그녀의 아버지 제임스 2세는 네덜란드와 전쟁할 당시 해군 사령장관으로서 함대를 이끌었고, 후대의 조지 2세는 오스트리아계승전쟁의 격전지인 독일 바이에른 지방의 데팅겐에서 자유자재로 군마를 타며 선두에서 군대를 지휘했습니다. 그는 직접 군대를 이끈 마지막 영국 왕이었습니다. 그 후로도 영국 왕은 대부분 무예를 즐기며 왕태자 시절에 군대에 들어가 전쟁터에서 경험을 쌓고 있습니다.

그러므로 영국인의 호전성은 왕을 정점으로 하는 귀족계급의 호전성이 역사 속에서 폭포수처럼 아래로 흘러내린 결과라고 볼 수 있습니다. 체벌에 대한 태도도 호전성과 관련이 있습니다. 나폴레옹 시대에 병사들을 채찍으로 때리는 체벌을 금지하는 분위기가 조성되었지만, 영국은 별 반응을 보이지 않았습니다. 뒤에 나올 퍼블릭스쿨에서도 체벌은 여전했고 학생끼리 주먹질하며 싸우는 일도 다반사였습니다.

담백한 영국인

영국인의 폭력적인 습속을 다른 나라 사람들은 혐오스러운 것으로 받아들였습니다. '국내에서는 폭군을 싫어하면서 대외적으로는 더욱 잔인한 폭군으로 표변하는 민족'이라고 영국인을 비판했지요.

다만 호전성과 잔학성에는 관대함과 아량이라는 미덕이 따라붙었습니다. 한마디로 영국인은 승리할 때까지는 철저히 모질게 행동하지만, 상대가 일단 항복하면 부드럽고 신사적으로 대한다는 것입니다. 굴복해서 자기 뜻을 따르는 상대는 관대하게 대우해야 한다고 어릴 적부터 가르쳤고, 어느 계급에 속한 사람이든 그 가르침이 몸에 배었습니다. 영국이 식민주의에서 손을 떼는 과정이 비교적 무난했던 까닭은 그 때문일지도 모릅니다.

또 하나, 영국인에게는 복수심이 별로 없다는 특징이 있습니다. 곤란에 빠지더라도 실리를 취하는 일에 전념할 뿐 깊은 원망을 품고 전전긍긍하지 않습니다. 따라서 자신이 가혹하게 대했던 상대방이 그 일을 잊지 않으면 당혹스러워합니다. 왜 과거에 얽매여 책임을 추궁하는지 이해할 수 없는 것입니다. '싸움이 끝나면 악수하고 화해한다.' 이것이 영국식 사고방식입니다.

죽음에 매혹된 사람들

이러한 호전성이 거꾸로 드러나기도 했는데, 17세기 말부터 영국인 특유의 병적인 멜랑콜리melancholy*가 주목받기 시작했습니다. 영국인은 건강 염려증, 우울증 등을 많이 앓는다는 진단이 나왔고, 자살하는 사람도 많았습니다. 다른 나라 사람들보다 인생을 즐기지 못하고 자기 파괴 충동에 시달리는 이유를 찾아보니, 음산한 기후, 석탄으로 오염된 대도시, 포도주 대신 맥주만 마시는 것 등이 원인으로 꼽혔습니다.

멜랑콜리 때문인지 영국인은 죽음에 곧잘 매혹당하는 듯합니다. 영국에서는 상류계층을 중심으로 상중喪中에 검은 상복을 입고 해치먼트hatchment(죽은 사람의 문장이 들어간 마름모꼴 명판)를 가정에 장식하는 풍습이 널리 퍼졌습니다. 무덤에도 관심이 많아서 귀족이나

---

* 원인을 알 수 없는 장기적인 우울감이나 비애.

평민이나 묘지 산책을 즐기는 듯합니다. 영국 문학 가운데 추리소설과 탐정소설이 특히 뛰어나다는 점도 죽음에 대한 관심과 무관하지 않겠지요.

영국인의 공리주의와 현실주의도 염세적인 세계관과 동전의 양면을 이루는 것이 아닐까 합니다.

퍼블릭스쿨의 역할

퍼블릭스쿨은 젠틀먼을 양성하는 학교라고 할 만한 기관입니다. 명칭 때문에 '공립학교'라고 생각하기 쉽지만 사립학교의 일종입니다. 법적으로 정의하기는 어려운데, 사립 엘리트 학교를 통칭하는 개념으로 보면 됩니다. 현재 영국의 대다수 아동은 공립학교에 다니고, 상위 몇 퍼센트만 퍼블릭스쿨에 다닙니다. 실로 영국의 정치, 사회, 경제 지도층을 배출하는 교육기관이라고 할 수 있지요. 상급 공무원과 재판관은 물론 군대, 잉글랜드 국교회, 외환은행 등의 고위직은 대부분 퍼블릭스쿨 출신입니다.

퍼블릭스쿨의 전형인 기숙학교는 중세 말부터 있었습니다. 원래 상류계급은 가정교사를 고용해 자녀를 교육했는데, 17세기 무렵부터는 기숙학교(퍼블릭스쿨)에 보내기 시작했습니다. 18세기 후반부터 19세기 초에 걸쳐 퍼블릭스쿨은 귀족, 젠틀먼과 급속하게 결합했습니다.

14세기에 설립한 윈체스터 칼리지, 15세기에 설립해 대다수 역

- 19세기 퍼블릭스쿨의 '집단 괴롭힘'으로, 손발을 거머쥐고 들어 올렸다가 땅바닥 가까이 떨어뜨리며 괴롭힌다.

대 수상을 배출한 이튼 칼리지, 16세기에 설립한 슈루즈베리 스쿨, 웨스트민스터 스쿨, 럭비 스쿨, 해로 스쿨 등이 역사적인 명문으로 알려져 있습니다. 이러한 명문 퍼블릭스쿨을 나온 학생은 대부분 옥스퍼드대학이나 케임브리지대학에 진학하고, 관리 임용 시험에서도 우대를 받아 명예와 권력을 겸비한 직업을 얻게 됩니다. 원래는 남자 학교였는데 최근에는 공학이 늘고 있습니다.

교양 교육은 그리스어와 라틴어가 중심으로, 문학과 사상 연구보다는 기억력과 주의력을 기르기 위한 과목이었습니다. 고전 교육 이상으로 중시한 것이 바로 스포츠입니다. 오후에는 오로지 스포츠에만 열중하는 학교도 많았던 듯합니다. 크리켓, 축구, 럭비, 하키, 수영, 보트, 크로스컨트리 등으로 땀을 흘리며 체력을 단련하는 동시에 단체정신과 협동심을 배우는 것입니다. 또 기숙사 제도를 통해 '하우스'(퍼블릭스쿨의 하부 조직으로 각 학년마다 같은 수의 학생들을 모아 관리하며 사감이 운영 책임을 맡습니다.)마다 몇십 명이 공동으로 생활했습니다. 학생들은 사감에게 복종하고 선후배 간의 엄격한 상하 관계를 배움으로써 사회 진출을 준비했습니다.

퍼블릭스쿨은 일어나서 잠들 때까지 수업, 식사, 사감과의 면담은 물론, 목욕, 용돈 지급 시간까지 정해 놓을 만큼 시간 관리에 철저했고, 복장과 동작까지 세세하게 규제했습니다. 말을 듣지 않는 학생에게는 가차 없이 채찍을 휘둘렀습니다.

영국인의 사교성과 활발한 집단 형성에 대해서는 앞에서 이미 말했는데, 그것이 실은 소원한 가족 관계와 연관되어 있는 듯합니다. 부모 자식 사이의 대화는 무뚝뚝하고, 부부도 말을 거의 섞지 않는 편인 데다 무엇보다 친족 모임을 싫어합니다. 한 가족이 떨어져 사는 일도 드물지 않기 때문에, 가족애가 유난히 강한 이탈리아인이 이런 이야기를 들으면 아마 졸도할지도 모릅니다.

이러한 성향을 강화한 곳이 바로 퍼블릭스쿨입니다. 귀족 및 젠틀먼 계급의 자녀들이 모여 획일적인 교육을 받으면서 가정교육이나 예절 수업에는 소홀해졌습니다. 실로 그들의 인격은 가정이 아니라 퍼블릭스쿨에서 형성되었던 셈입니다.

이리하여 신사적일지 모르지만 획일적인 남성들이 길러졌습니다. 애국정신과 투지, 페어플레이, 협동심과 지도자에 대한 복종심을 철저하게 습득한 그들은 대영제국 발전의 원동력이 되었습니다.

관념보다 경험

17세기부터 오늘날까지 영국의 저널리스트, 역사가, 작가, 시인들은 무의식적으로 경험론에 입각해 이야기한다고 합니다. 경험론이야말로 영국인의 사고방식이 지닌 특성을 잘 나타낸다고 할 수 있지요. 19세기 전반의 독일 철학자 헤겔은 『역사철학 강의』 *Vorlesungen über die Philosophie der Geschichte*(1837, 사후 출간)에서 "영국인은 프랑스혁명이 제기한 이론이나 원칙에는 마이동풍이며, 현실적인 자유 제도로부터 동떨어져 있다"고 서술했습니다. 이 말에 대해 영국인은 "프랑스혁명이 실현한 자유로운 헌법 따위를 우리는 예전부터 갖고 있었다"고 대답할지도 모릅니다.

다시 말해, 프랑스와 같은 중앙집권 국가에서 제도나 법이 일반적이고 보편적인 원칙을 따르는 것과 달리, 영국의 제도는 국지적이고 특수한 권리와 관습에 기초를 둔다는 점을 간과해서는 안 됩니다. 마그나카르타나 권리장전은 일부 귀족계급의 요구를 모아 성립한 것이고, 코먼로는 중세 이래 국왕 재판소에서 전통, 관습, 선례를 바탕으로 판결을 내리던 데서 발달한 법 분야(판례법)입니다. 영국의 '헌법'이란 마그나카르타, 권리장전, 그리고 왕위계승법을 비롯해 의회가 제정한 법에 코먼로를 더한 것입니다.

영국인은 추상적이고 일반적인 원리 따위에 조금도 매력을 느끼지 못했습니다. 그들은 프랑스의 합리주의 전통과는 반대로 경험과 접촉을 추구해 왔습니다. 근거를 캐묻고 관념으로부터 연역하기보다는 비록 논리성이 결여되어도 그때그때 필요한 목표에 이르는 것을 중요하게 생각했습니다. 그렇기 때문에 법률과 원칙에 얽매이지 않고 관습을 중시했습니다. 사물 자체에 접근해 현실적이고 경험적인 것들을 관찰자의 시각으로 편견 없이 보는 것, 한마디로 도그마(교의)를 기피하고 공통 감각common sense을 중시했다고 할 수 있습니다.

"프랑스의 관념적인 유희보다는 많은 사람에게 도움이 되는 실리적인 사고방식이 중요하다." 이것이 청교도혁명 이후 영국인의 주요한 사고방식이었습니다. 이것이 모든 지식은 경험을 통해 얻을 수 있다고 보는 '경험론'이고, 경험론에 근거를 둔 영국의 철학 사상이 '공리주의'입니다.

존 로크에서 찰스 다윈까지

명예혁명 이후 영국 왕들은 왕권신수설의 도그마 대신 '백성'을 위한 실천적 도덕을 추구하기에 이르렀습니다. 여기에는 궤도에 오른 실제 정당정치와 대의제를 더욱 발전시켜 나가려는 정치적 의도도 작용했습니다. 그래서 18세기에는 사변思辨이 아니라 실천적인 도덕인 공리주의를 강력하게 추구했습니다.

우선 존 로크(1632~1704)는 자유를 획득하는 것이야말로 국가의 가장 중요한 문제라고 생각하고 개인의 행복을 기준으로 자유를 규정하기 위해 『통치론』Two Treatises of Government(1689)을 썼습니다. 그는 과거의 전통에 갇히지 않고 직접적인 경험을 중시하며 공공의 복지를 추구하고자 했습니다.

존 로크를 시작으로 데이비드 흄, 에드먼드 버크, 제러미 벤담,

제임스 밀, 존 스튜어트 밀, 허버트 스펜서 등 공리주의를 완성한 사상가들의 빛나는 행렬이 이어집니다. 시대가 흘러가면서 공리주의는 개인이 아니라 사회 전체의 행복과 선을 중시합니다. 19세기 후반에 허버트 스펜서(1820~1903)는 자유방임이 근대산업 시대의 지도 원리로 떠오른 것을 자연의 진화라고 생각하고, 자신의 저작에 과학적인 성격을 부여했습니다.

18세기에 대두한 공리주의는 19세기에 이르러 급진적인 형태로 논단을 지배했고, 현실 정치에 대해서도 사회 개혁과 유익한 입법(선거법 개정 등)을 재촉했습니다. 부정을 신랄하게 탄핵하고, 가난하고 억압받는 사람들을 동정하고, 정치적 신조는 인간성에 대한 과학적 지식과 분석을 바탕에 두어야 한다는 사고방식이 오늘날에도 영국 사회에 살아남아 있습니다. '자유', '공공선', '진보', 이것이 영국 정치사상의 키워드입니다.

또 하나, 근대 초기 영국의 학문을 대표하는 사조로 자연과학이었습니다. 여기에도 '실험', '관찰'이라는 영국인 특유의 방법론이 영향을 미쳤습니다. 영국의 17세기는 '과학의 세기'로 알려져 있습니다. 프랜시스 베이컨(1561~1626)은 학문의 목적이 생활을 풍요롭게 하는 데 있다고 생각하고, 학문을 체계화하기 위해『학문의 진보』The Advancement of Learning(1605)를 출판했습니다. 그의 경험주의적 방법론을 계승한 로버트 보일(1627~1691)은 수차례 화학 실험을 진행하며 인간에게 유익한 과학을 탐구했습니다. 제임스 1세와 찰스 1세의 주치의였던 윌리엄 하비(1578~1657)는 해부 연구에 근거해 혈액순환을 발견하고 그리스 이래의 학설(혈액은 간에서 생성되며 순환하지 않는다는 생각)을 뒤엎었습니다. 1645년에는 여러 수학자와 철학자 들이 과학을 둘러싸고 논의하는 모임을 개최했습니다. 찰스 2세가 이 모임에 관심을 가졌고 1662년에 칙허장을 수여했습니다. 이것이 바로 '왕립학회'(자연과학 진흥을 위한 런던 왕립학회)입니다. 이러한 환경에서 아이작 뉴턴이 등장했고, 19세기에는 '진화론'을 제창한 찰스 다윈이 탄생하기에 이릅니다.

유머가 넘치는 영국인

앞서 '비사교적이고 재미없는 영국인'이라고 했던 것과 모순되는 듯하지만, 사실 영국인은 유머 감각이 뛰어난 민족(국민)일지 모릅니다. 그들 스스로 유머 감각을 자랑하기도 하지요. 그런데 유머 '재능'이 출중한 이유는 역설적이게도 타인을 어떻게 대해야 할지 몰라 말을 붙이기에 앞서 긴장하는 습성 때문입니다. 다시 말해 유머는 붙임성 없는 성격을 극복하기 위한 장치입니다. 감정이 새지 않게 막아 주는 둑이 되고 타인에 대한 방패가 되어 서툰 사회관계로부터 자신을 보호해 줍니다.

영국에서는 숨 쉬는 것처럼 곳곳에 유머가 흐릅니다. 일상생활에 없어서는 안 되는 공기와도 같지요. 유머는 분위기를 띄우기 위해 필요한 것이 아니라 치열하게 울분을 떨치는 방법, 또는 격렬한 혁명이나 폭동을 대신하는 방식이라고 말하는 사람도 있습니다. 실제로 장미전쟁이 끝나고 청교도혁명이 일어나기까지 왕궁에는 어릿광대가 여럿 있었습니다. 그들은 기묘한 동작이나 기지 넘치는 농담으로 궁정 사람들을 웃기고 울적해진 왕을 위로했지요.

영국인은 인내심이 강한 민족이라고 합니다. 그들은 근본적으로 자신을 포함한 인간 전체와 갖가지 사물을 여유로운 태도로 응시하는 능력을 갖고 있습니다. 그들은 감정을 드러내기 직전에 자신을 외부에서 바라보며 정신적인 균형을 유지하려고 합니다. 심가한 사태에 부딪혔을 때에도 결코 냉정함을 잃지 않는 성격에서 유머 감각이 나옵니다. 감정을 조절하고 억제하면서 효과적으로 출구를 찾는 것입니다.

영국인의 유머는 항상 현실과 만나는 접점을 갖고 있고, 어느 정도 정당성을 지닌 사회를 전제합니다. 경험론이나 공리주의 전통과 연결되어 있는 영국인의 유머는 프랑스인의 철학적 관념 같은 것일지도 모릅니다.

영국의 정치가들은 더욱 설득력 있는 연설로 평판을 높이기 위해 유머를 활용하기도 합니다. 오늘날 엘리자베스 여왕이 국민들로부터 사랑받는 이유 중 하나로 유머 감각을 꼽습니다. 찰스 왕태자의 톡톡 튀는 유머도 꽤 호평을 받는다고 합니다.

윌리엄 호가스의 풍자화

영국에서 유머라는 위대한 전통을 맨 처음 꽃피운 것은 18세기입니다. 윌리엄 호가스의 풍자화(캐리커처)에서 전형적으로 나타나는데, 특히 젠트리와 중산계급이 그의 작품을 즐겼습니다.

윌리엄 호가스는 짜릿한 풍자가 넘치는 동판화 「남해 포말 사건」South Sea Bubble(1721)에서 거품이 꺼진 세상의 모습을 그려 호평을 얻었습니다. 여섯 장으로 이루어진 「매춘부 일대기」A Harlot's Progress(1732)는 지방에서 올라와 도시의 풍습에 물들다가 창부로 전락한 시골 처녀가 어린아이를 남긴 채 스물셋의 어린 나이로 죽어 가는 모습을 그린 작품입니다. 호가스의 명성을 굳히는 계기가 된 「당세풍 결혼」Marriage A-la-Mode(1743~1745) 역시 여섯 장으로 된 연작입니다. 이 작품은 재산을 노린 몰락한 상류계급과 지위를 노린 중산계급 벼락부자의 정략결혼을 묘사하고 있는데, 결혼은 파탄에 이르고 인물들은 불행한 운명을 맞이합니다. 네 장으로 된 연작 「선거」The Humours of Election(1755)에서는 실제 선거의 부패를 풍자하고 비판합니다.

윌리엄 호가스만큼 날카로운 통찰력을 발휘하면서 통렬한 사회비판을 담아낸 풍자화가는 없습니다. 저열하고 기괴한 면도 없지 않지만 전체적으로는 골계적이고 희극적인 유머가 넘칩니다. 실로 영국인의 유머가 지닌 힘을 충분히 발휘했다고 볼 수 있지요.

호가스가 선두에 서서 눈부시게 앞서 나간 풍자화 작업은 18세기 후반부터 19세기에 걸쳐 제임스 길레이*, 토머스 롤런드슨**,

---

* James Gillray(1756~1815). 조지 3세와 나폴레옹 풍자화로 유명한 풍자만화가.
** Thomas Rowlandson(1756~1827). 주로 하층민의 생활을 해학적으로 묘사한 풍자만화가.

- 윌리엄 호가스의 「당세풍 결혼」 연작 중 두 번째 그림 '둘이서'(The Tête à Tête)

조지 크뤼크섕크*로 이어졌습니다. 그러다가 드디어 풍자 전문 잡지인 《펀치》Punch(1841~2002)와 주간 잡지 《배너티 페어》Vanity Fare(1868~1914)를 통해 풍자화는 일반인에게 더욱 가까이 다가갔습니다. 값싼 대중잡지가 등장하면서 정치나 행동 규범 등을 표적으로 삼는 시사 풍자만화도 선을 보였고, 20세기의 새로운 매체인 텔레비전이 등장하자 인형과 코미디언이 익살맞은 언동으로 권위를 무너뜨렸습니다. 이제는 시트콤에 로열패밀리를 등장시켜 우스갯거리로 묘사하기까지 합니다.

풍자의 시대

그렇다면 '풍자의 시대'에는 어떤 문학작품이 나왔을까요? 혁명을 겪어 내고 왕정복고 시기까지 살아남은 17세기 문인들은 이전 세대의 특징이었던 금욕주의에 반발하고 현실을 긍정하는 작품을 즐겨 창작했습니다. 특히 새뮤얼 버틀러(1612~1680)가 쓴 풍자시 『휴디브라스』Hudibras(1662~1678)는 청교도의 위선과 이기주의를 신랄하게 공격한 작품으로 유명합니다. 찰스 2세가 좋아했다는 이 작품의 삽화를 윌리엄 호가스가 그렸습니다.

17~18세기에는 문학작품에 블랙유머**를 도입한 작가도 등장

---

*   George Cruikshank(1792~1878). 『올리버 트위스트』의 삽화를 그린 풍자만화가.
**   냉소적이고 음울하며 불길한 웃음 속에서 인간존재의 불안과 불확실성을 또렷이 느끼게 만드는 유머.

했습니다. 아마도 블랙유머의 원조일 조너선 스위프트(1667~1745)의 작품에는 독을 품은 유머가 그야말로 듬뿍 담겨 있습니다. 그는 「책들의 전쟁」The Battle of the Books*과 『통 이야기』A Tale of Tub(1704)의 풍자로 이름을 알렸습니다. 정치와 결탁한 악덕 모리배와 영국 정부를 공격한 『드래피어의 편지』Drapier's Letters(1734)를 통해서는 정부 정책을 바꾸는 대대적인 승리를 거두었습니다. 이 작품이 화폐 주조를 둘러싼 뇌물과 부정 사건을 까밝혔던 것입니다. 대표작 『걸리버 여행기』(1726)에도 사회와 정치에 대한 통렬한 풍자가 그득합니다. 소인국의 궁정에서 벌어지는 어리석은 출세 경쟁이나 음모는 틀림없이 조지 1세 시대의 정치를 소재로 삼았을 것입니다. 조너선 스위프트의 작품은 스카톨로지scatologie(분뇨담)라고 불릴 만큼 분뇨와 관련한 풍자적 표현으로 가득 차 있다는 특징도 있습니다.

영국 문학의 진면목은 풍자소설, 사실주의 소설, 그리고 다음에 살펴볼 추리소설이라고 할 수 있습니다. 읽어서 재미있고 유익한 작품이 주류인 것이 과연 경험론과 공리주의의 나라답습니다.

신사들의 신사답지 못한 취미

영국은 오늘날 동물 애호 운동이 가장 활발하게 벌어지며, 위원회

---

* 　왕립 도서관의 책들이 벌이는 문학 전쟁을 통해 정치계와 종교계의 나팔수 노릇을 하는 지식인들을 날카롭게 풍자한 짧막한 글로, 애초에는 『통 이야기』의 서문으로 발간되었다.

설립이나 입법 등 제도적으로도 동물을 인간 이상으로 소중히 여기는 나라로 알려져 있습니다. 그러나 과거에는 동물을 사랑하는 사람으로서 도저히 상상할 수 없는 동물 학대의 역사가 있었습니다.

윌리엄 호가스의 풍자화를 다시 불러오기로 하지요. 유명한 연작 「잔혹함의 네 단계」The Four Stages of Cruelty(1751) 중 '잔혹함의 첫 단계'(202쪽 그림 참조)에는 다양한 동물 학대 장면이 담겨 있습니다. 얼마간 과장되어 있지만 당시 실제 모습과 거의 흡사합니다. 닭을 표적으로 삼아 총을 쏘는 사람도 보이는데, 중세부터 영국에서는 참회의 화요일Mardi Gras에 닭 사격 경기를 열었다고 합니다. 닭끼리 격렬하게 싸움을 붙이는 투계도 인기 있는 구경거리로, 닭의 며느리발톱에 칼날을 달아 놓기도 했답니다.

투계만큼 인기 높은 구경거리였던 '곰 골리기'bearbaiting(사슬로 묶은 곰에게 모질고 사나운 개를 덤비게 해 싸움을 시키는 것, 202쪽 그림 참조)는 에드워드 1세 시대(13세기 후반)에 시작되어 16세기에 전성기를 맞이했습니다. 이것을 몹시 좋아한 헨리 8세는 화이트홀궁전에 '곰 골리기' 전용 싸움장까지 만들었다고 합니다. 이후에는 곰을 대신해 수소를 등장시킨 '수소 골리기'bullbaiting가 인기를 누렸습니다. 그보다 앞서 동물끼리 싸움을 붙이는 취미에 열중한 제임스 1세는 사자를 묶어 놓고 싸움을 붙이기도 했습니다. 이러한 동물 싸움은 왕후 귀족부터 서민에 이르기까지 누구나 좋아하는 구경거리로서 일상생활에 단단히 뿌리내렸고, 19세기까지 오락거리로서 온전히 기능했습니다.

- 윌리엄 호가스의 「잔혹함의 네 단계」 중 '잔혹함의 첫 단계'(위)
- 1820년대 런던의 곰 골리기(아래)

가을 겨울마다 농가로 내려와 가축에 피해를 입히는 여우를 대대적으로 소탕하는 중세 후기의 여우 사냥도 17세기에 젠틀먼의 스포츠로 자리 잡으면서 순식간에 유행했습니다. 1750년대에는 발빠른 사냥개인 폭스하운드를 개량하면서 여우 사냥이 점점 더 인기를 누렸습니다. 18세기 말에는 군복이 연상되는 꽉 끼는 의상을 입었고 사냥 규칙도 세세하게 정했습니다. 어쩌면 사냥이라기보다 민첩성을 요구하는 스포츠이자 오락의 대상인 구경거리였습니다. 용맹함과 남자다움을 북돋운다는 점 때문에 왕도 여우 사냥에 흠뻑 빠졌습니다.

영국인의 애완견 사랑

이러한 가운데 1820년대부터 동물 애호 단체의 활동이 활발해집니다. 1835년부터 이유 없는 동물 학대를 법으로 금지하고 소, 곰, 오소리, 개, 수탉 등의 싸움 시설을 소유하는 것도 금했습니다. 1824년에 설립한 동물학대방지협회SPCA는 빅토리아와 어머니 켄트 여공작의 후원을 받았고, 1840년에는 빅토리아 여왕의 칙허를 받아 '왕립'Royal 협회가 되었습니다.

그런데 여우 사냥 전통만은 지키고 싶다는 목소리가 컸기 때문에 사냥 금지를 원하는 동물 애호 단체와 반대 여론이 계속해서 갈등을 빚었습니다. 토니 블레어Tony Blair 정권에 와서야 드디어 여우 사냥을 '범죄'로 규정하는 금지법을 제정하고(2004) 이듬해부터 시행했지만, 영국 사회는 찬반양론으로 들끓었습니다.

동물 애호 운동이 활발해진 19세기 이전에도 동물을 사랑하는 영국인이 없지 않았습니다. 특히 개와 말은 영국인의 친구로 무척 사랑받았습니다. 말에 대해서는 뒤에서 다시 이야기하기로 하고, 우선 개를 살펴보겠습니다.

애완동물로 개를 기르는 관습은 중세 수도원에서도 찾아볼 수 있을 정도로 유래가 깊습니다. 르네상스 시대에 들어오면 상류계급 여성들 사이에서 애완견을 기르는 것이 유행합니다. 남성은 사냥의 동반자인 사냥개를 소중히 여겼고, 이른바 집 안에서 함께 지내는 애완견 문화는 훨씬 나중에야 받아들였습니다.

영국 왕 가운데 처음으로 애완견을 기른 것은 찰스 2세입니다. 그는 개에 대한 애정을 공공연히 드러내는 데 주저하지 않았습니다. 몇 번인가 개를 도둑맞는 사건이 벌어졌고, 찰스 2세는 슬픔에 빠져 개를 찾는 광고까지 내면서 어떻게든 개가 돌아오기를 기원했습니다.(결국 돌아왔는지는 알 수 없습니다.) 동생 제임스 2세, 그 뒤를 이은 윌리엄과 메리 부부도 개를 좋아했습니다. 그런 왕들의 영향을 받아 귀족들 사이에서도 애완견 키우기가 크게 유행했습니다. 스패니얼의 일종인 '킹 찰스 스패니얼'은 이름에서 알 수 있듯이 찰스 2세가 사랑한 개의 품종입니다.

18세기 말이 되어 늦게나마 시민들 사이에도 애완견을 향한 열기가 퍼졌습니다. 19세기 중반부터 애완견 열풍이 거세지면서 빅토리아 시대에 전성기를 맞이합니다. 식탁에서도 개와 함께하거나

- 소년 시절의 찰스 2세(왼쪽)와 스패니얼 개

개에게 양복을 입히고 귀여워하는 모습도 흔히 볼 수 있었습니다. 부모들은 예민한 관찰력을 지닌 지혜롭고 충실한 친구로서 개를 곁에 두면 아이가 착하게 성장할 것이라고 믿었습니다. 개를 그린 초상화가 유행하는가 하면 개를 취급하는 장사꾼도 등장했습니다. 콜리, 세인트 버나드, 킹 찰스 스패니얼, 폭스테리어 등 순혈 품종은 매우 높은 가격에 거래되었습니다.

빅토리아 여왕은 콜리와 테리어 몇 마리, 그리고 닥스훈트를 한 마리 키웠습니다. 왕실 관계자가 도그 쇼에 참가하기를 바라는 기대에 부응해 실제로 빅토리아 여왕이 개를 출품하기도 했습니다. 여왕이 사랑한 콜리는 가치가 급상승하면서 애견가들이 몹시 탐내는 대상이 되었고, 포메라니안도 마찬가지였습니다. 퍼그, 보르조이, 디어 하운드, 블랙 하운드 등도 상류계급 사람들에게 사랑받았습니다.

오늘날에도 영국 왕실에서는 개를 무척 좋아해서 열 마리 넘게 기르고 있다고 합니다. 그중에서도 어릴 적부터 개와 놀며 자란 엘리자베스 2세는 특히 웰시 코기를 무척 좋아한다고 합니다.

국민성 창조의 시대

개인주의, 낯가림, 정원 애호, 호전성, 죽음을 꿰뚫어보는 시선, 모임이나 단체를 만들려는 욕구, 가족 관계의 취약함, 자선 활동, 현세주의, 경험론, 공리주의, 유머 감각, 배외적인 우월감 등등 역사적으로 형성된 영국인의 성격과 특질을 나열해 보면, 과연 청교도 혁명으로부터 200여 년 동안 만들어진 것이구나 싶습니다. 오늘날의 영국인과 영국 사회, 그리고 그들의 미래를 생각할 때 이 시기는 결정적으로 중요합니다.

또한 그것은 귀족, 젠틀먼, 그리고 왕족의 대표적인 특질이기도 하므로, 아마도 정치 양상에도 반영되어 왔을 것입니다. 영국이 프랑스나 러시아처럼 과격한 혁명 없이도 효율적이고 안정적으로 민주주의를 확립할 수 있었던 것은 왕을 정점으로 한 계급사회가 분명하게 존재해 왔고 그 안에서 이제까지 살펴본 것처럼 200여 년 동안 영국인과 영국 사회의 본질이 단단하게 형성되었기 때문이라고 생각합니다.

그러나 외부인의 눈에는 영국의 국민성이 '비협조성, 사상 없는 이기주의, 세계시민주의(코즈모폴리터니즘)에 대한 강경한 저항을 불러일으키는 특질'로 보일 수도 있을 것입니다.

6장

대영제국의 건설

조지 4세부터 에드워드 7세까지

〔1820년~1910년〕

가톨릭 해방으로

앞에서 조지 3세 시대까지 이야기했으니, 여기에서는 그의 아들인 조지 4세(재위 1820~1830)부터 시작하겠습니다. 조지 4세와 동생 윌리엄 4세 시대에는 다양한 사회 개혁 운동이 일어났고 그에 따라 법을 정비했다는 특징이 있습니다.

조지 4세는 부왕이 정신병을 앓고 있을 때 왕태자로서 섭정을 맡아 정치 경험을 쌓았습니다. 그래서 왕위에 오른 초기에는 정국에 개입하기도 했지만, 점차 수상인 리버풀 백작 로버트 젠킨슨 Robert Jenkinson에게 국정을 거의 일임했습니다. 그리고 자신은 브라이턴에 있는 동양풍 별궁인 로열 파빌리온에서 자유로운 생활을 즐겼습니다. 한편 조지 4세는 아내 캐럴라인 왕비를 비정상적으로 혐오해서 대관식에 왕비가 참석하는 것을 거부할 정도였는데, 이 때문에 민중의 평판도 나빴습니다. 그러나 1822년에 스코틀랜드를 방문한 왕이 킬트*를 입고 부족장과 면담하는 모습에 스코틀랜드인들은 감격해 마지않았습니다. 양국이 화해하는 데 공헌한 것은 분명 조지 4세의 커다란 공적입니다.

---

* 스코틀랜드 남성들의 전통 의상인 타탄체크 무늬의 짧은 모직 치마.

- 거울에 비친 아내를 보고 흠칫 놀라
는 조지 4세

　군인 출신으로 성격이 싹싹했던 윌리엄 4세(재위 1830~1837)는
대관식을 간소화하고 수행원 없이 거리를 시찰하는 등 소탈하고 허
식 없는 모습으로 인기를 모으면서 선구적인 민중의 왕이 되었습니
다. 그러나 64세의 늦은 나이로 왕위에 올라 7년 만에 세상을 떠나
고 말았습니다.

　조지 4세와 윌리엄 4세 형제는 독일의 하노버 군주도 겸했습니
다. 이 형제 왕의 시대에는 토리당 내각 아래 사회 개혁 운동이 활
발해지면서 17세기 말에 마련한 종교 정책이나 정치 및 사회 체제
도 변화합니다. 우선 경찰 개혁과 사형 대상 범죄의 축소를 비롯

해 아동 노동 제한, 노예 노동 금지 등 노동문제에 관한 개혁이 이루어졌습니다. 또한 종교 분야의 개혁에도 진전이 있었습니다. 바로 '가톨릭 해방령' 발포입니다. 당초에 조지 4세와 젠킨슨 수상은 가톨릭교도에게 권리를 부여하는 데 반대했습니다. 그러나 1828년에 수상으로 취임한 웰링턴 공작은 여차하면 왕위에서 물러나 버리겠다고 위협하는 왕의 반대를 무릅쓰고 1829년에 가톨릭 해방령을 통과시켰습니다.

이 일을 계기로 왕은 영국 정치를 주관하는 독립적인 권력이 아니라는 사실이 생생하게 드러났습니다. 신문을 비롯한 매체 보도가 많아지고 압력단체의 목소리가 커지면서 새로운 여론이 형성되기 시작한 것이 결정적인 요인이었습니다.

1828년에 심사령을 폐지하면서 비국교도도 공직에 오를 수 있었지만 가톨릭교도는 예외였습니다. 해방령이 발포되면서 가톨릭교 신자인 남성도 대부분 문관文官 지위에 오를 수 있게 되었고, 선거권도 얻어 의회에 들어갈 수 있었습니다.

가톨릭 해방령은 대다수 아일랜드인에게 복음과도 같았겠지만, 아일랜드인에 대한 차별적 법률은 없어지지 않았고 반란도 빈발했습니다. 더구나 1845년부터 5년 동안 감자 역병이 돌면서 대기근으로 100만 명 이상이 죽었습니다. 영국 정부가 제대로 구제 조치를 취하지 않아 사태가 악화된 탓입니다.

살아남기 위해, 또 차별받지 않기 위해, 1840년대부터 1920년대까지 아일랜드에서 태어난 사람의 45퍼센트가 해외로 이주했다고 합니다. 미국으로 건너간 아일랜드인과 더블린의 공화주의자가 손을 잡고 반란을 일으킨 적도 있습니다.

1868년에 윌리엄 글래드스턴William Gladstone이 수상에 취임하면서 아일랜드의 궁핍상을 개선하기 위해 잉글랜드 국교회를 아일랜드의 정통 국교로 삼는 제도를 폐지하고, 아일랜드 내 토지법 등을 제정했습니다. 1870년에 아이작 버트Isaac Butt가 설립한 자치정부협회Home Government Association가 자치연맹을 거쳐 아일랜드 의회당으로 발전하며 아일랜드 자치를 요구하는 세력이 확대되었습니다. 그러나 1886년에 글래드스턴이 발의한 '아일랜드 자치법안'은 강한 반대에 부딪쳐 통과되지 못했습니다.

선거법 개정

윌리엄 4세 때 더욱 커다란 개혁이 이루어졌으니, 바로 1832년의 선거법 개정입니다.

명예혁명은 의회의 권한을 확립하기는 했어도 유권자는 전체 인구의 3~4퍼센트에 불과했습니다. 그 무렵부터 민주화와 의회 개혁을 요구하는 운동이 일어났습니다. 특히 산업혁명을 통해 세력을 키운 상인과 금융업자 등 중산계급은 자신들의 목소리가 정치에 반영되지 않는다는 사실에 불만을 품었습니다. 또 18세기 말부터 사반세기 동안 프랑스와 벌인 전쟁에 엄청나게 동원되었음에도 참정권은 가지지 못했다는 사실에 민중이 분노했습니다.

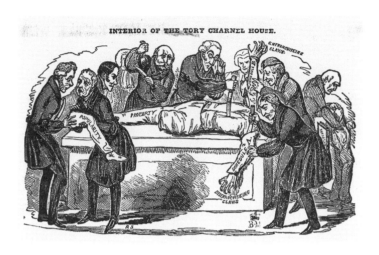

INTERIOR OF THE TORY CHARNEL HOUSE.

- 선거법 개정을 반대하는 토리당 귀족원 의원들이 인체(개정법)를 절단하는 풍자화

제1차 선거법 개정은 휘그당 급진파 출신인 수상 찰스 그레이 Charles Gray가 부단히 애쓴 덕분에 강력한 반대를 누르고 이루어졌습니다. 왕도 마지못해 지지한 이 개정을 통해 부패 선거구와 지명 선거구가 폐지되었으며 중산계급까지 선거권이 확대되었습니다. 이것은 또한 인민의 대표임을 자처하는 서민원이 힘을 발휘하는 계기가 되기도 했습니다. 그러나 50만 명 정도였던 유권자가 약 80만 명으로 늘어났음에도 재산에 따른 제한이 있었기 때문에 대다수 노동자는 선거권을 갖지 못했습니다. 이에 노동자들이 의회에 인민헌장을 제출한 1838년부터 약 20년에 걸쳐 차티스트 운동Chartism이라는 사회 개혁 운동이 일어났습니다. 노동자들은 하층민과 노동계급에 선거권을 부여하는 보통선거를 요구했습니다. 그러나 지주와

그들이 지지하는 보수당, 영국 국교회 등 여러 기득권 세력의 반발로 실현되지 못했습니다.

보수당 지도부인 벤저민 디즈레일리Benjamin Disraeli의 주도로 제2차 선거법 개정을 실현한 것은 1867년, 빅토리아 여왕 시대였습니다. 이로써 성인 남성의 3분의 1까지 유권자가 늘어났습니다. 노동계급이 독자적인 정당을 결성하는 토대가 만들어지면서 그제야 본격적으로 정당정치가 발전하기 시작한 것입니다. 그 후 정권은 보수당이 안정적으로 차지했지만, 노동조합원 몇 명이 자유당 당원으로 뽑힌 것이 눈에 띕니다.(1832년 새 선거법 아래 총선거를 실시한 결과, 토리당이 물러나고 휘그당은 보수당 내 자유무역파인 필 지지파Peelite 및 급진파와 함께 자유당이 되었습니다.)

이윽고 1870년에 초등교육법을 시행했고 매관賣官 제도를 폐지했으며 행정과 사법 개혁 등도 진전을 보았습니다. 1872년부터 비밀투표가 시작되었고, 1884년에 대부분의 남성, 1918년부터는 모든 남성(과 일부 여성)으로 선거권이 확대되었습니다.

조지 4세와 윌리엄 4세 시대로 돌아가 볼까요? 18세기 말까지는 중세와 다를 바 없이 대신들이 왕의 조언자 역할을 했습니다. 형제 왕 시대에 왕은 자기 뜻에 맞지 않는 대신의 조언도 따르기 시작했습니다. 정치를 수상에게 일임하는 방식이 정착하면서 왕의 권한은 축소되었습니다. 윌리엄 4세는 의회가 정하지 않은 인물을 수상으로 임명한 마지막 왕이 되었습니다. 이런 일이 근대적 정당정치의 발전을 촉진했습니다. 왕의 지지보다 의회에서 다수의 지지를 얻는 것, 특히 서민원에서 승리하는 것이 중요해졌습니다. 1837년 이후 왕은 각료 회의에 전혀 출석하지 않았고 의원내각제는 한 단계 성숙했습니다.

다른 한편으로 윌리엄 4세가 일반 시민 앞에 상냥한 모습을 드러내면서 여론을 자기편으로 끌어온 것은 영국 왕의 새로운 위상을 예고한 것이라고 볼 수 있습니다.

빅토리아 시대의 제국 건설

윌리엄 4세는 후사 없이 세상을 떠났습니다. 선왕인 조지 4세의 유일한 적자인 샬럿 공주도 이미 타계한 상황이었지요. 결국 조지 3세의 넷째 아들 켄트 공이 쉰 넘어 얻은 딸 **빅토리아**(재위 1837~1901)가 열여덟 살에 왕관을 이어받았습니다.

즉위 이듬해에 열린 대관식에는 그녀의 모습을 한번 보겠다고 사람들이 모여들어 웨스트민스터 대수도원으로 가는 길이 인산인해를 이루었습니다. 성대한 축전이 끝나고 축포가 울리자마자 자연스레 「신이여 여왕을 구하소서」God Save the Queen라는 찬가의 대합창이 울려 퍼졌습니다. 군주제를 자명한 것으로 받아들인 국민은 경애하는 마음으로 왕을 맞이하려 했습니다. 즉위 50주년, 60주년 기념식에서도 민중이 모여드는 장면은 되풀이되었습니다.

빅토리아 여왕은 왕이 되리라고는 생각도 못 한 데다 정치에도 미숙했기에 수상인 윌리엄 램William Lamb(멜버른 경)에게 정치를 맡기고 외사촌인 작센코부르크고타 대공 알베르트(1819~1861)와 결혼해 이인삼각 경기를 하듯 화목하게 제국을 번성의 길로 이끌어 갑니다. 하지만 남편이 세상을 떠난 뒤로 여왕은 상심하여 평생 상복을 입고 지내며 은퇴하다시피 했습니다.

빅토리아 시대라는 긴 세월 동안 영국은 지구상의 주도권을 거머쥐었습니다. 윌리엄 램이 재차 수상이 되어 정권을 잡았을 당시 영국은 아편전쟁(1840~1842)을 일으켰고, 이집트·터키전쟁(1831~1833)에도 간섭했으며, 1854년에는 크림전쟁(1853~1856)에 참전해 오스만제국 편에서 러시아에 맞섭니다. 1856년 애로호 사건을 구실로 청나라와 또 한 번 아편전쟁(1857~1860)을 벌였습니다. 1857년에는 동인도회사의 용병 세포이sepoy들이 대반란을 일으켰고, 남아프리카에서는 두 차례 보어전쟁(1880~1881, 1899~1902)이 발발했습니다. 그러나 이들 대부분은 식민지에서 벌어진 전쟁이라 영국 본토는 비교적 평온한 시대를 누렸다고 할 수 있습니다.

1877년에 빅토리아 여왕은 '인도의 황제'로 즉위합니다. 영국은 18세기 초에 이미 인도와 극동에 무역의 거점을 마련하고 미국과 서인도제도를 식민지로 개척해 두었습니다.

19세기에 미국을 잃었어도 식민지는 훌쩍 늘어났습니다. 19세기 후반, 즉 빅토리아 시대에 이르면 캐나다, 오세아니아, 아프리카, 카리브해, 나아가 인도를 중심으로 아시아에 세계 최대의 식민제국을 건설합니다. 앞에서 살펴본 대로 차 무역과 차 문화도 제국의 확장과 얽혀 있습니다.

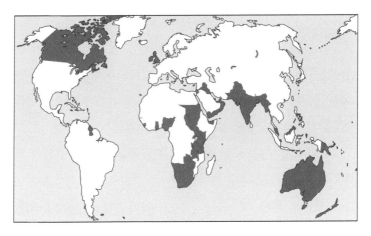

- 20세기 초 대영제국

　64년에 걸친 빅토리아 여왕 시대에는 영국이 전 세계 육지 면적의 20퍼센트 이상, 세계 인구의 4분의 1을 지배하는 영광을 안았습니다. 16세기 말 이래 전쟁에서 스페인과 프랑스를 이기고 번영해온 대영제국의 절정기라고 할 수 있습니다.

　더불어 국내 산업도 크게 발전했습니다. 영국의 군주제는 비교할 바 없는 제국의 영광을 흠뻑 누리는 동시에 복잡하고 광대한 영토를 통일하는 역할을 맡았습니다. 제국 곳곳에 군주제와 왕국의 요소가 침투했습니다. 가는 곳마다 여왕의 이름이 붙은 지명이 등장하는가 하면 제국 전체의 공공건물, 나아가 화폐와 우표에도 여왕의 모습이 새겨졌습니다. 빅토리아 여왕의 생일인 5월 24일은 제국 기념일로서 경축일이 되었습니다.

1901년 1월 22일 빅토리아 여왕은 오랜 재위 끝에 세상을 떠났습니다. 며칠 뒤 2월 2일, 당시 런던에 유학하던 나쓰메 소세키*는 하숙집 주인과 함께 여왕의 장례식을 보기 위해 하이드 파크에 가다가 "과실나무에 열매가 빽빽하게 열려 있듯" 엄청난 군중이 장례 행렬을 기다리는 모습에 경탄을 금치 못합니다.

그녀의 뒤를 이은 아들 에드워드 7세(1901~1910)는 즉위할 당시에 이미 60세였습니다. 별다른 기대를 모으지 못한 왕이지만 인도, 포르투갈, 독일, 이탈리아 등을 방문하며 화평을 실현했습니다. 3만 5,000명의 보어(남아프리카공화국의 네덜란드계 백인)군을 일 년 넘게 어쩌지 못해 제국주의가 뒤흔들리던 시점에 병사 50만 명을 투입해 보어전쟁을 종결지은 것도 에드워드 7세가 통치하던 1902년이었습니다. 에드워드 7세는 1910년에 사망했습니다.

도덕적 군주제

그러면 이 시대에 국정에 대한 왕의 역할은 어떻게 변화했을까요? 선왕들의 시대부터 정당정치가 본격적으로 이루어지고 다수당이 지지하는 수상의 힘이 커지는 가운데, 빅토리아 여왕 시대에 드디어 왕은 새로운 역할을 찾아내기에 이르렀습니다.

군주제가 영국 사회에서 도덕적으로 기능하게 되면서 왕은 국민

---

* 『나는 고양이로소이다』, 『도련님』 등을 쓴 일본의 소설가 겸 영문학자.

의 존경을 끌어모으는 존재가 되었습니다. 국민의 경애와 지지를 받는 왕은 국가 행사에 형식적으로 참여하는 데 그치지 않고 정당 갈등을 조정하는 등 중립적이고 공평한 방식으로 권위를 행사하게 되었습니다.

빅토리아 여왕의 남편 알베르트 공은 왕실이 국민의 존경을 받기 위한 방법으로 '의무, 도덕, 근면, 가정적인 품성'이라는 네 가지 착실한 덕목을 내걸었습니다. 그 덕분에 도덕의 본보기이자 국민 통합의 상징으로서 왕의 권위는 높아졌습니다. 이전처럼 왕이 추문에 휩쓸리거나 방탕을 일삼아 우스갯거리로 전락하는 일이 없어졌고, 비록 추문이 떠돌더라도 국민은 마음속 깊이 왕을 존경하거나 존경하고 싶다는 바람을 품었습니다.

이 시대에 국민의 요구를 충족해 주는 존재는 존속 기반이 명확하지 않은 정치가나 정당이 아니라 확실한 존재감이 느껴지는 왕이라는 의식이 생겨났습니다. 다시 말해 국민에 의한 통치, 즉 민주주의 사회의 정서적인 기반으로서 누구나 왕의 존재가 필요하다고 느끼기에 이른 것입니다. 군주제에 대한 애착은 빅토리아 시대에 대영제국이 발전하면서 한층 더 깊어졌습니다.

영광의 뒤편

그러나 번영의 뒤편에는 희생자가 있는 법입니다. 19세기 중반에 급증한 인구가 도시로 몰려들었고, 슬럼으로 변한 지역은 위생 상태가 열악해 콜레라 같은 전염병이 창궐했습니다.

공장법* 제정(1833), 곡물법** 철폐(1846), 항해조례 폐지(1849, 1854), 열 시간 노동법(1847)***과 공중위생법(1848) 시행 등 다양한 개혁이 이루어졌지만, 전체 인구의 4분의 3에 해당하는 노동자는 여전히 관심 밖에 놓여 있었습니다. 공중위생에 관한 법제와 인프라를 정비하기 시작한 것은 19세기 말이었습니다. 노동자들의 생활수준이 전반적으로 나아지기는 했지만, 여전히 인구의 15~20퍼센트가 목구멍에 겨우 풀칠하는 정도였고 8~10퍼센트는 그런 수준에도 미치지 못했습니다.

안타깝게도 빅토리아 여왕은 노동계급의 현실을 깊이 이해하지 못했습니다. 즉위 50주년 기념식에서야 비로소 런던의 빈민가를 처음 엿본 그녀는 불쾌감을 느꼈을 뿐, 빈곤층의 열악한 사정에는 무관심했습니다. 여왕은 초등교육 보급에도 반대하며 이렇게 주장했습니다. "더 이상의 교육은 하층민에게 괜한 기대감만 심어 줄 것이므로 무익하고 부도덕하다. 아이들은 공부하기보다 부모를 도와 일해야 한다." 빅토리아 시대에는 '두 개의 국민'two nations이 존재한다고 할 만큼 빈부 격차가 심했습니다.

공업 무산계급이 급증하는 가운데 1824년에 단결금지법을 폐지

---

* 자본주의 초기 공장 노동자들의 가혹한 노동 조건을 개선하기 위해 시행한 법률의 총칭.
** 12세기 이래 지주의 이익을 보호하기 위해 곡물 수입을 규제한 법률. 곡물 가격을 법으로 고정하려다 반대에 부딪쳐 폐지되었다.
*** 직물 공장에서 일하는 여성과 미성년(13~18세) 노동자의 근무시간을 일주일 중 닷새는 열 시간, 토요일에는 여덟 시간으로 제한한 법률.

하자 수많은 노동조합이 결성되었고 파업이 우후죽순처럼 일어났습니다. 19세기 중반에는 이러한 움직임이 일시적으로 줄어들었습니다. 그러다가 1871년에 노동조합법을 제정해 단결권을 보장하고 1875년에 쟁의권도 승인하면서 빅토리아 시대 말기부터 에드워드 7세 시대에 또다시 다양한 노동조합이 결성되었고 파업이 수차례 발생했습니다. 미숙련 또는 반숙련 노동자를 직업과 지역에 상관없이 폭넓게 껴안는 일반조합도 결성되었습니다.

1900년에 결성한 '노동대표위원회'는 1906년에 '노동당'으로 개칭했습니다. 노동당은 점진적인 사회 개혁을 실현하고자 하는 온건한 사회주의를 지향했습니다. 그들의 노력으로 20세기 초에는 노동시간 제한, 최저임금, 실업수당, 연금, 국민보험 등 노동 관련 법률이 상당히 제정되었고, 교육 개혁을 위한 법도 정비되기 시작했습니다.

늦어진 여성 해방

빈민 구제보다 더 늦어진 것이 여성의 지위 향상, 여성 해방이었습니다. 산업혁명은 여성에게 유례없는 노동을 요구했습니다. 여성들은 새로운 섬유산업에서 장시간 저임금 노동에 시달렸습니다.

물론 아무런 대책도 없었다는 뜻은 아닙니다. 예를 들어 1847년부터 직물 공장에서 하루 열 시간 이상 노동하는 것을 금지했습니다. 이 규정은 점차 다른 산업에도 영향을 미쳤고 1860년대에 이르면 열 시간 노동이 일반적으로 정착합니다. 하지만 실제로는 먹고 살기 위해 새벽부터 저물녘까지 집에도 돌아가지 못하고 일해야 하는 사람이 많았습니다. 가난한 여성은 현금 수입을 얻기 위해 농업, 가내공업, 장사, 광부, 고용살이 등 닥치는 대로 일했습니다.

이 시대에는 다른 한편으로 여성이 집 밖에 나가 일하는 것을 비판하기도 했습니다. 여성의 본분은 집안일로 남편을 돕고 아이를 잘 낳아 기르며 가정을 안식처로 만드는 것이라는 생각이 일반적이었으니까요.

따라서 지도층은 상류계급 여성이 공적인 영역으로 나가 일하는 것을 저지하려고 했습니다. 도시에서 일하다 보면 유혹에 빠지기 쉬우니 여성이 타락하는 게 아닐지, 혹은 공적인 영역에 드나드는 여성은 방종한 프랑스 여자처럼 제멋대로 구는 게 아닐지 걱정하고 두려워한 것입니다. 그래서 바람직한 사회질서를 유지하기 위해 성 역할을 구분해야 한다고 주장하는 예절서나 설교, 훈계, 논문, 또는 소설이 잇달아 출현합니다.

물론 여성의 정치 참여를 요구하는 운동도 있었습니다. 하지만 홍수같이 쏟아지는 '여성의 본분' 논의에 파묻혀 사라져 버리고 말았지요. 여성 작가가 쓴 '예절 모음집' 등에서도 여성의 사명은 딸, 아내, 어머니라는 세 가지 성 역할을 해내는 것이라고 주장하며, 빅토리아 여왕 역시 군주인 동시에 아내와 어머니라는 점을 끌어다 쓰기도 했습니다.

결국 여성이 정치적 권리를 획득하려는 움직임은 20세기에 들어와서야 본격화되었습니다. 조지 5세 시대에 처음에는 30세 이상 여성(1918)에게, 그다음에는 21세 이상 여성(1928)에게까지 참정권을 부여하면서 겨우 남성과 대등해졌습니다.

백인의 책무

빅토리아 시대에는 이렇듯 국내에 사회문제가 속출했고 대외적으로는 대영제국이 전성기를 누렸습니다. 그렇다면 당시 영국인의 심리, 식민지 지배를 둘러싼 생각은 어떠했을까요?

1815년에 프랑스의 나폴레옹이 최종적으로 패배하면서 더 이상 영국에 맞설 적은 없었습니다. 실제로 영국은 대규모 전쟁에서 패한 적도 없지요. 이리하여 영국인은 자신들이 세계에서 으뜸가는 대영제국을 건설해야 한다는 의식에 눈떴습니다.

산업혁명을 거쳐 '세계의 공장'으로 떠오른 영국은 차츰 미국과 독일이 경쟁 상대로 부상하면서 1870년대 중반부터 약 20년 동안 대불황에 시달립니다. 국내 시장의 규모가 작은 것도 원인 중 하나였습니다. 1874년 선거에서 보수당의 디즈레일리가 자유당의 글래드스턴을 꺾고 승리해 2차 내각이 들어섰습니다. 디즈레일리는 빅토리아 여왕의 두터운 신뢰를 바탕으로 제국주의적 팽창에 매진해 나갔습니다. 경제적 이익을 얻으면서도 국민을 만족시킬 만한 국가 위신을 떨치려고 한 것입니다.

물론 제국주의적 지배에는 떳떳치 못한 어두운 측면도 있었습니다만, '백인의 책무'white man's burden라는 깃발을 내걸고 그것을 정당화했습니다. 선진국인 영국은 미개하고 후진적인 유색 인종을 지도하고 지원해 문명화할 의무가 있다는 생각으로 흑인과 황색인이 백인에게 복종하는 것을 당연시했던 것입니다. 자유와 문명의 전파자인 영국인의 언어, 관습, 기술, 제품, 산업이 세계 방방곡곡에 넘쳐흐르게 하는 것이야말로 우수한 민족이 떠맡은 신성한 임무이며, 제국을 온통 가로질러 유니언잭을 휘날리는 것이 자유, 공정, 정의의 미덕을 떨치는 일이라고 여겼습니다. 이것이 영국 수상 파머스턴Palmerston과 디즈레일리, 그리고 케이프 식민지의 수상이자 다이아몬드 광산업자인 세실 로즈Cecil Rhodes의 사고방식이었습니다. 빅토리아 여왕도 여기에 동조했습니다.

이른바 영어 제국주의도 이런 맥락으로 이해할 수 있습니다. 이미 헨리 8세가 웨일스, 아일랜드, 스코틀랜드에 영어를 공용어로 쓰도록 강요하는 정책을 시행했고, 19세기에는 인도, 아프리카 등 세계의 여러 식민지에서 '탁월한 언어'인 영어를 사용하고 영국적인 가치관을 내면화하도록 교육 체계를 정비했습니다. 나아가 법정에서 영어를 사용할 것과 공직자가 영어로 지식을 습득할 것을 의무화했습니다.

대영제국의 국왕에게 충실한 신민이라면 문예나 과학과는 아무런 인연이 없는 현지어 따위는 내다버리고 영어를 구사해야 본인을 위해서도 좋다는 생각을 주입한 것입니다.

'상상의 제국'과 영예

"오직 앵글로색슨족만이 법에 따른 보편적 평화를 세계에 가져다줄 수 있다. 그러므로 미개지를 개척해 제국을 건설할 자격이 있는 것은 대영제국뿐이다." 영국 지도층이 이런 주장을 펼치자 민중은 박수를 보냈습니다. 뮤직홀에서는 국수주의적인 유행가가 울려 퍼졌습니다.

학교에서 역사가 필수과목이 된 것은 1900년입니다. 역사 교과서는 대영제국의 위대함을 가르치는 동시에 제국을 이끌고 나가야 한다는 의무도 가르쳤습니다. 그리고 세계의 중심으로서 강대한 지배권을 휘두르며 여러 민족을 호령하는 대영제국의 자부심과 우월성, 전쟁의 필요성을 끊임없이 환기시켰습니다.

대영제국은 캐나다, 오스트레일리아, 뉴질랜드, 인도, 아시아와 아프리카와 카리브해의 직할 식민지 등 세계의 광활한 지역을 일컬을 뿐 아니라, 한편으로는 '상상의 제국'이기도 했습니다. 영국 사회가 귀족계급의 정점에 있는 왕으로부터 맨 밑바닥을 차지하는 신민까지 피라미드를 이루고 있는 것과 마찬가지로 제국에도 인종의 위계질서가 있다고 생각했습니다. 영국인이 가장 우월한 지위에 있는 것은 물론이고, 식민 지배에 복종하는 사람들에 대해서도 서열을 매겼습니다.

상위에 있는 자들에게는 '영예', 즉 세세한 등급으로 나눈 작위를 수여했습니다. 식민지의 국왕 대리, 총독, 정치가, 식민지로 이

- 영국의 지배 아래 놓인 인도의 기근

주한 영국의 유명인뿐 아니라 인도의 제후, 나이지리아의 왕족, 말라야연방의 술탄 같은 현지인에게도 성대한 의식을 거행하며 훈장을 수여했던 것입니다.

물론 영예의 근원은 다름 아닌 대영제국의 왕이었습니다. 빅토리아 여왕부터 조지 6세까지 제국의 서훈敍勳*을 설정하고 확대하며 수여하는 데 퍽 지대한 관심을 기울였습니다. 외국 왕실에 '가터'라는 최고 훈장을 수여한 것도 영국 왕을 정점으로 한 영예 체계를 구축하려는 제국주의적 야망에서 비롯했습니다. 덧붙여 일본의 역대 천황들도 영국 왕으로부터 가터 훈장을 하사받았습니다.

---

* 　　나라를 위해 세운 공로의 등급에 따라 훈장을 주거나 포상함.

특기는 분열 통치

영국은 식민지를 넓히고 침략을 감행하기 위해 그 지역에서 번영을 누리는 집단과 그들에 맞서는 집단이 서로 갈등하도록 조장하는 내부 분열 정책을 썼습니다.

이를테면 1916년 오스만제국이 통치하던 아랍인들을 메카의 대족장인 후세인 빈 알리Hussein bin Ali 아래 집결시켜 오스만제국 정부에 대항해 반란을 일으키도록 공작을 폈습니다. 1882년 이래 식민지로 개척한 키프로스섬에서도 그리스계 키프로스인과 터키계 키프로스인을 분열시켜 서로 싸우도록 공작했습니다. 1960년 키프로스는 독립을 이루었지만 결국 북키프로스와 남키프로스로 분단되었습니다. 또 남아프리카에서는 영국인 무법자 집단으로 구성된 군사 조직을 이용해 보어인 국가를 침공함으로써 정부를 타도하고 금광을 지배하도록 책략을 꾸몄습니다.

어쩐지 이런 일들이 낯설지 않습니다. 중세에 잉글랜드가 변경인 웨일스와 아일랜드를 '경이로운' 세계로 보면서도 '야만적이고 미개한' 곳으로 규정하고 그 심리적인 승리감을 바탕으로 주민 사이에 불화의 씨를 뿌려 서로 물어뜯도록 교묘하게 일을 꾸민 역사가 있기 때문이지요. 또한 크롬웰이 주도한 짧은 공화제 시대에 골칫거리 병사나 잉글랜드에 충성하는 아일랜드인을 아일랜드 동부에 정착시키고, 선주민은 척박한 서부로 쫓아내 '두 개의 아일랜드'를 만들려고 했던 것도 비슷한 사례입니다.

여성 여행가

앞에서 언급한 '사교성 없는' 영국인의 성격은 식민지에서도 여실히 드러났습니다. 영국인은 자기들끼리 모여 살며 다른 나라 국민을 무시하고 배제하는 '영국인 마을'을 치밀한 위계질서 아래 조성했습니다.

이런 마음가짐으로 '백인의 책무'를 진정으로 느끼고 '뒤처진 미개인을 문명화하는 일'을 진심으로 해낼 리 만무합니다. 결국 영국인은 식민지에서 그들만의 편협한 세계를 꾸릴 수밖에 없었습니다.

제국의 건설이 진행되는 가운데 용감하게 식민지로 떠난 여성들이 있었습니다. 19세기 중반부터 제1차 세계대전 전후까지 아시아, 특히 인도와 사하라사막 이남의 아프리카를 중심으로, 또 서인도제도와 이집트, 중동으로 많은 여성들이 발길을 옮겼습니다. 식민지 행정관의 아내나 선교사뿐 아니라 현지의 풍속과 관습을 연구하는 인류학자와 모험가, 교사, 간호사, 개혁가 등도 있었습니다. 그들은 예절과 교양을 갖춘 중산계급 이상의 '레이디'(귀부인)였습니다.

앞서 보았듯 영국 본토에서 여성은 '열등한 성'으로 취급받았습니다. 유럽 혹은 영국 문명을 바탕으로 '열등한 인종'과의 만남을 시도하면 여성이라도 대영제국 발전에 기여할 수 있다고 생각한 것일까요? 아무리 선의와 박애주의를 품고 있었다고 하더라도 결국 그녀들은 영국 정부가 추진하는 위선적인 '제국 의식'의 선봉장으로 여겨졌습니다.

맛없는 영국 요리

"영국 요리는 유럽에서 핀란드 요리 다음으로 가장 맛이 없다. 그렇게 맛없는 요리를 먹는 사람들을 신용할 수 없다."

2005년 7월, 하계 올림픽 개최지 결정(런던이냐 파리냐)을 앞두고 당시 프랑스 대통령이었던 자크 시라크Jacques Chirac의 발언이 파장을 일으켰습니다. 그 말에 동의하고 싶었던 경험이 몇 번이나 있지만, 사실 '맛있다/맛없다'는 주관적인 판단이겠지요.

영국 요리는 정말 맛없는 걸까요? 그렇다면 그 원인은 어디에 있을까요? 물론 기후와 풍토가 작물 재배에 유리하지 않다는 환경적 요건도 있겠지만, 그런 것은 기술 혁신이나 해외 농작물 수입을 통해 해결할 수 있는 문제일 것입니다.

중세의 왕후 귀족 사이에는 대식大食을 선善으로 여기는 풍습이 있었습니다. 윌리엄 1세 정복왕의 식탐은 전설로 내려오고 있고, 헨리 8세의 초상화를 보면 그가 얼마나 대식가였는지 상상할 수 있습니다. 언제 끝날지 모를 상류계급의 연회가 그야말로 중세의 정경을 연출했습니다. 19~20세기 초의 조지 4세와 에드워드 7세도 마찬가지입니다. 특히 에드워드 7세 시대에는 상류계급의 대식 전통이 절정에 달해 사람들이 허리 굵기를 경쟁할 정도였습니다. 조지 4세는 "맥주와 쇠고기가 우리나라 국민을 만들었다"고 말하기도 했답니다.

반면 여왕의 식탁은 소박했습니다. 엘리자베스 1세의 저녁 식사는 두 가지 코스뿐이었는데, 코스마다 갖가지 고기가 올라왔지만 여왕은 조금밖에 입에 대지 않았다고 합니다. 포도주는 거의 마시지 않았고 맥주를 좋아했습니다.

빅토리아 여왕도 음식에 관심이 없었습니다. 아침에는 삶은 달걀만 먹었는데, 금으로 만든 달걀 받침대와 스푼을 썼다고 합니다. 한편, 연회에서는 제국의 영광을 반영하듯 호화로운 식탁을 꾸몄습니다. 거금을 들여 프랑스인 요리사 M. 메나제Ménager를 수석 요리장으로 고용했는데, 그가 이끄는 요리사와 주방 담당자만 해도 45명(이들도 대부분 프랑스인)이었습니다. 그들은 왕족과 손님을 위해 호화롭고 풍부한 코스 요리를 제공했습니다.

이렇듯 근대까지는 대식가 왕도 있었지만, 근세 이후 젠틀먼과 중산계급은 일반적으로 절제를 중시하고 먹는 것에 무관심한 경향을 보였습니다.

미식은 악마의 덫?

음식에 무관심한 경향이 퍼진 계기는 종교개혁입니다. 청교도혁명의 지도자 올리버 크롬웰은 크리스마스에도 단식을 감행했고 일반인도 그렇게 할 것을 종용했습니다. 17세기 청교도 목사인 리처드 백스터Richard Baxter는 "식사 시간은 십오 분이면 충분하니 한 시간이나 허비하는 것은 어리석은 짓"이라고 하면서 "맛있어 보이는 식사는 악마의 덫일 뿐이므로 눈길을 주어서는 안 되고, 가난한 사람의 거친 음식을 먹으면 지옥에 떨어지는 일을 피할 수 있다"고 설교했습니다.

이런 설교를 시도 때도 없이 들으면 식사에 대한 관심이 줄어들수밖에 없겠지요. 종교개혁 이후 영국의 젠틀먼은 프랑스인이 왕과 궁정을 중심으로 먹을 것에 집착해 타락하는 데 맞서 '양, 소, 사슴 등의 고기(특히 넓적다리 부위)를 삶든지 굽기만 해서 소스에 찍어 먹을 것'을 권유했습니다.

젠틀먼의 자제가 성장기의 대부분을 보내는 퍼블릭스쿨도 소박한 식사를 훈련하는 곳이었습니다. 영국의 문필가 해럴드 액턴 Harold Acton 경은 론우드 크래머Lawnwood Crammar의 기숙사에서 식사로 나온 "더럽고 기름진 마가린, 털이 숭숭한 돼지와 송아지의 머리와 다리에 붙어 있는 젤라틴 덩어리, 절인 돼지고기, 거칠고 껄끄러운 포리지porridge*를 몰래 손수건에 싸서 화장실에 버렸다"고 회상합니다.

요즘도 빵과 야채수프, 콩류와 감자, 거기에 값싼 훈제 대구와 청어만 있으면 충분하다 여기고, 한 주에 한두 번 정도 저렴한 닭고기나 소시지를 먹는 데 만족하는 영국 신사가 많은 듯합니다.

농민과 노동자들은 더욱 거친 음식을 먹었습니다. 육류가 부족해 야채를 푹 끓인 수프와 유제품을 호밀 빵이나 보리 빵에 곁들여 먹는 것이 중세 이래 주식이었습니다. 18세기 초부터는 라이스 푸

---

* 　오트밀 등의 곡류를 물이나 우유에 넣고 끓인 걸쭉한 죽.

- 피시 앤드 칩스(ⓒ Kheng Guan Toh, 123RF)

딩rice pudding*을 먹었습니다. 18세기 후반에는 감자가 널리 보급되었고 점차 노동계급의 식사를 대표하게 되었습니다. 감자는 값싼 생선과 더불어 대량 공급이 가능한 식재료였습니다. 1860년대부터는 오늘날 영국 요리를 대표하는 '피시 앤드 칩스'fish and chips가 런던을 중심으로 인기를 얻으며 퍼져 나갔습니다.

오늘날 영국 요리의 '맛없음'을 결정지은 것은 바로 빅토리아 시대의 중산계급이었던 듯합니다. 그들은 겉으로 쾌락을 드러내려고 하지 않았습니다. 산업 발전의 흐름을 타고 부유해진 이들은 그럭저럭 괜찮은 집에 소박한 가구를 들여놓고 사는 수준에 이르렀지만, 그 곁에는 불만을 품은 빈민이 많았습니다. 그러니 하다못해 소박하게 식사하고 먹을거리에 감동하지 않음으로써 죄책감을 떨치려고 했을 것입니다.

---

*   우유와 쌀로 만든 달콤한 푸딩.

그들은 먹을거리가 주는 쾌락이 심신을 망가뜨리고 사회적으로 타락시킨다고 생각했습니다. 아이들에게도 음식을 맛있다는 듯이 또는 굶주린 듯이 먹어서는 안 된다고 엄하게 가르쳤습니다. 요컨대 먹을거리가 가진 나쁜 힘을 없애고, 아이들이 식사에 흥미를 느끼지 못하도록 애쓴 것입니다.

당시 육아 책에도 "이유식은 단순하고 맛이 없어야 하며, 아이들의 영혼을 위해 몸이 싫어하는 음식을 주어야 한다"고 적혀 있었습니다. 맛없고 싱거운 음식이 가장 바람직한 음식이라는 것입니다. 으깬 감자, 라이스 푸딩, 포리지, 삶거나 구운 양고기, 잎채소 등을 하나같이 싱겁게 만들어 먹이며 평생 먹을거리에 대한 불신을 심어주었습니다.

이리하여 17세기 이후, 특히 19세기에는 서민은 물론 귀족조차 식사량을 줄이는 동시에 '맛있음'에 집착하지 않는 쪽으로 변해 갔습니다. 영국인에게 식사는 문화와 별 관계없는 것, 살기 위한 연료 공급에 지나지 않습니다.

그렇기 때문에 19세기에 대영제국을 건설할 수 있었던 게 아닐까요? 어디에 가더라도 먹을거리는 그저 '연료'처럼 입과 배 속에 허겁지겁 집어넣기만 하면 된다고 생각하는 억세고 어기찬 남자들이 아니고서야 식민지를 경영하기가 어려웠을 테니까요.

런던 만국박람회

산업혁명을 통해 사회적 인프라가 향상되는 성과가 나타난 것도 19세기, 특히 빅토리아 여왕 시대였습니다. 우선 교통기관이 발전했습니다. 1825년에 세계 최초로 스톡턴과 달링턴 사이에 증기기관차가 달리는 철도가 개통되었고, 이어 1830년에 맨체스터와 리버풀을 잇는 구간이 개통되었습니다. 1848년까지 철도망은 5,000마일(약 8,000킬로미터)로 늘어났고, 19세기 후반에 걸쳐 각지로 빠르게 확장되었습니다. 또한 19세기에는 조명 기술이 개선되어 도로에 가스등을 설치함으로써 보다 안전하고 쾌적해졌습니다.

이러한 영국의 산업화와 공업화의 성과를 백일하에 드러낸 것이 1851년에 개최한 런던 만국박람회입니다. 이 행사를 발의한 것은 당시 왕립예술학회의 일원이었던 헨리 콜Henry Cole입니다. 그는 1849년에 파리에서 열린 산업박람회를 조사하고 나서 "이것을 능가하는 대규모 만국박람회를 런던에서 개최함으로써 영국이 프랑스보다 우월한 나라임을 보여 주어야 한다"고 알베르트 공에게 진언했다고 합니다.

이리하여 1850년 알베르트 공을 총재로 삼은 왕립위원회를 조직했고, 1851년 5월에 박람회의 막을 성대하게 올렸습니다. 빅토리아 여왕과 알베르트 공은 만국박람회 개회식을 축하하기 위해 나팔 소리가 멀리 퍼지는 가운데 버킹엄궁전에서 수정궁까지 행진했습니다. 50만 명이 넘는 구경꾼이 런던 거리를 지나가는 왕실 행렬을 지켜보았습니다.

전시의 꽃은 뭐니 뭐니 해도 건축가 조지프 팩스턴Joseph Paxton
이 설계한 수정궁이었습니다. 철재와 유리를 이용해 길이 약 560미
터*에 너비 약 124미터로 설계한 장엄하고 거대한 건축물이었습니
다. 하이드 파크의 웅장한 나무 몇 그루를 폭 감싸 안은 수정궁 내
부에 커다란 증기기관에서부터 최신식 카메라까지 근대산업의 틀
을 보여 주는 다종다양한 상품을 전시함으로써 영국 테크놀로지의
최전선을 드러냈습니다.

영국이 자랑하는 대형 천체망원경, 회전식 등대, 석상 분수를 마
주한 구경꾼들은 눈이 휘둥그레졌습니다. 증기기관, 동력 천공기,
인쇄기, 철도 차륜용 선반, 방적 기계와 역직기, 자동 수확기, 트랙
터 등 복잡한 기계 앞에서도 사람들은 경탄하며 발길을 떼지 못했
습니다. '과학기술 제품' 부문에는 현미경과 장식용 시계는 물론 기
발한 의료 기기까지 전시해 놓았습니다.

왕립위원회가 본디 의도한 바는 대영제국 및 그 식민지의 기술
과 신제품을 전시함으로써 제국의 힘을 과시하는 것이었습니다. 그
런데 다른 나라에서 건너온 제품이 절반 가까이 전시되어 국제적인
색깔까지 더해졌습니다. 영국의 전시 요청에 34개국이 부응하여
총 1만 4,000여 점을 출전했습니다. 5월부터 10월까지 141일 간의
입장객 수는 총 604만 명이었습니다.

---

*   박람회를 개최한 1851년을 기념해 높이를 1851피트(≒564m)로 맞춘 것.

- 1851년 런던 만국박람회의 수정궁

런던 만국박람회는 '세계의 공장'이라는 영국의 역할을 드높이 선전하며 대성공을 거두었습니다. 빅토리아 여왕은 만국박람회에 매료되어 서른 번도 넘게 수정궁을 방문했다고 합니다.

귀족들은 혁신 기술에 대해 코웃음을 치며 만국박람회를 냉대했습니다. 그러나 그들이 어떻게 생각하든 일반 시민이 신경 쓸 바 아니었지요. 근세까지 귀족이 지탱하던 왕실은 19세기 이후 중산계급과 노동자들의 인기와 취향을 무시해서는 유지될 수 없었습니다. 빅토리아 여왕과 알베르트 공은 그 점을 잘 이해했던 것입니다.

1862년에 두 번째 런던 만국박람회가 열렸지만, 직전에 알베르트 공이 세상을 떠난 탓인지 기세도 꺾이고 왕실과의 관계도 끊어져 버렸습니다. 크림전쟁을 겪고 난 다음이라 신형 대포인 '암스트롱 포'를 전시했습니다. 이것이 평화주의를 내세운 첫 번째 박람회(사실 이때도 무기 견본이 다수 출품되었던 듯하지만)와 두 번째 박람회의 커다란 차이였습니다.

1880년 이후에도 런던과 주요 도시에서 식민지의 건축물과 공예품, 본국의 공업과 기술 전시를 중심으로 몇 차례 박람회를 열었습니다. 제국의 번영과 일체성을 과시하려는 의도는 빅토리아 여왕의 손자 조지 5세를 명예 총재로 추대한 1924년의 대영제국 박람회에서 총체적으로 집대성한 형태로 나타났습니다.

영국 남자들의 작은 쉼터

화제를 돌려 봅시다. 영국 남성이 가장 좋아한 장소는 어디였을까요? 아마도 퍼브가 아니었을까 합니다. 물론 아늑하고 이상적인 가정을 꾸린 '집'이라는 장소도 있었지만, 퍼브는 사교성 부족한 영국인이 매일 다른 사람과 어울리며 기분을 풀 수 있는 곳, 맥주를 마시고 담배를 피우면서 날씨, 스포츠, 일상, 농사일에 대해 이야기할 수 있는 곳이었습니다. 도박으로 떠들썩하거나 노래를 부르는 사람도 있었습니다. 영국인들은 '두 번째 가정'이라고 할 만큼 퍼브에서 적지 않은 시간을 보냈습니다. 오늘날에도 영국의 대다수 성인이 퍼브에 다니고 있다고 합니다.

'퍼블릭하우스'의 줄임말인 퍼브는 17세기 후반 다양한 술집을 총칭하는 개념이었습니다. '퍼브'라는 줄임말은 1865년에 처음 등장했습니다. 청교도혁명 이후 나라에서 엄격한 금욕주의를 강요한 데 대한 반발로 술집이 즐비하게 들어선 것인지도 모릅니다. 해군 관료 새뮤얼 피프스Samuel Pepys의 『일기』(1660~1669)에는 별, 반달, 백조, 초록 폭포, 금사자, 하프와 구슬, 태양, 미트라mitra(주교가 쓰는 모자), 천국, 도끼 등 강렬한 이미지를 환기하는 이름의 선술집이 150개나 나옵니다.

퍼브 이전에 유행한 커피 하우스는 대도시, 주로 런던에서 인기를 끈 곳으로 커피, 코코아, 홍차를 마시면서 정치와 장사 이야기를 나누는 곳이었습니다. 17~18세기에 번성하다가 18세기 후반에

- 19세기 퍼브 풍경

　쇠퇴한 커피 하우스의 흥망과 반비례하듯 퍼브는 세를 늘려 나갔습니다.

　애초에 퍼브는 사교장이나 술집의 역할이 중요했지만 여인숙이나 마차가 머무는 여관, 역마차의 중계 지점이기도 했고, 곁가지로 연극 같은 구경거리도 제공했습니다. 그러다가 빅토리아 시대에 들어서면 오늘날에도 볼 수 있는 고유한 퍼브가 생겨납니다. 다양한 기능을 잃어버리고 술집으로 특화된 것입니다. 빅토리아 여왕 당시에는 공장의 힘든 노동이나 잔소리를 퍼붓는 아내를 잊고 술집을 드나들며 마음의 안식을 찾으려는 노동자가 많았습니다. 퍼브를 좋아한 대문호 찰스 디킨스(1812~1870)의 작품에도 갖가지 퍼브가 등장합니다.

노동자가 퍼브의 주체로 떠오르면서 서서히 노동자의 술집이라는 성격이 선명해졌고, 상류계급은 물론 중산계급도 퍼브를 '더럽고 위험한 장소'로 여겨 피했습니다. 젠틀먼은 퍼브 대신 회원제 클럽에 모이기 시작했습니다.

영국의 텔레비전 드라마에는 반드시 퍼브가 등장합니다. 프랑스라면 카페, 이탈리아라면 바르bar*에 해당하겠지요. 영국에는 죽기 전에 딱 한 번만 더 퍼브에서 맥주 한잔 마시고 싶다고 이야기하는 사람이 많답니다. 19세기 영국 남성들의 낭만을 모아 만든 휴식과 환락의 작은 공간이 바로 퍼브이기 때문에 그런 게 아닐까요?

홈 스위트 홈

영국인은 무엇을 삶의 보람으로 여길까요? 먹을거리가 아닌 건 분명합니다. 그들은 주변을 쾌적하게 꾸미는 쪽으로 마음을 기울인 것 같습니다. 앞에서 퍼브와 정원 가꾸기에 열중했다는 얘기는 했는데, 여기에서는 집과 집 내부를 살펴볼까 합니다.

영국인은 콘크리트나 돌로 지은 집보다는 외벽을 치장 벽돌로 두른 쾌적한 목조 주택을 좋아합니다. 평범한 가정집이야말로 영국 건축을 대표하는 걸작이라고 할 만합니다.

---

*   커피, 술, 경양식을 제공하는 이탈리아 찻집.

영국은 문학을 내놓고는 음악이나 회화, 조각 쪽으로 썩 대단한 예술 작품도 없고, 세계적인 철학이라고 할 만한 것도 없습니다. 그런데 생활문화 쪽에서는 뛰어난 작품들을 내놓고 있으니, 가히 현세주의와 실용주의의 나라라고 하겠습니다.

영국인의 거실에는 반드시 난로가 있습니다. 난로는 가족의 영혼을 위한 빛이라고 합니다. 난로가 있는 방은 가족이 단란하게 지내는 곳으로 소파와 안락의자가 놓여 있습니다. 의자에 씌운 천, 침대 시트나 테이블보, 냅킨 등은 수예품입니다. 조상 대대로 물려받은 물건이라면 더욱 좋습니다. 우아함이나 호사스러움보다는 오래 사용할 수 있는지가 중요합니다. 금은 식기는 감히 사용할 수 없는 신분이라도 백철白鐵 식기는 손에 넣을 수 있었습니다. 식기뿐 아니라 문구, 마구馬具, 사냥 도구 등도 사용하기 편하고 오래 쓸 수 있는 것이 발달했습니다.

18세기에는 퀸 앤Queen Anne 양식과 조지언Georgian 양식이 유행하며 가구 역사의 황금기를 맞이했고, 쾌적하고 우아하고 세련된 가구가 상류계급뿐 아니라 중산계급에게도 사랑받았습니다. 대표적인 디자이너는 토머스 치펜데일Thomas Chippendale, 토머스 셰러턴 Thomas Sheraton, 조지 헤플화이트George Hepplewhite, 애덤Adam 형제(존 애덤, 로버트 애덤, 제임스 애덤) 등입니다. 19세기에는 '근대 디자인의 아버지'로 불리는 윌리엄 모리스William Morris가 활약합니다.

자신과 가족을 위해 집을 최고로 아늑한 곳으로 만들고 싶다는 바람은 '내 집'을 원하는 경향으로 이어졌습니다. 영국인의 집은 그의 '성채'입니다. 어떤 시인은 이를 가리켜 "독일인은 독일에, 로마인은 로마에, 터키인은 터키에 살고 있지만, 영국인은 자기 집에 살고 있다"*고 재치 있게 표현했습니다.

영국인은 '홈'home(가정)을 신앙같이 중시합니다. '홈'이야말로 가장 선하고 진실한 행복이 있는 곳이자 성실한 프로테스탄트 영국인의 영혼입니다. 앞서 말한 가족 관계의 취약함과 모순되는 듯하지만, 가족과 함께하지 않더라도 '집에서 편안하게'at home 있고 싶은 것입니다.

'홈'이라는 말에는 다른 유럽 언어에 없는 독특한 정서를 환기하는 어감이 담겨 있다고 합니다. home-spun(집에서 직접 짠), home-bred(제집에서 자란, 국산의), home-grown(집에서 직접 기른), home-made(집에서 직접 만든), home-cooked(집에서 직접 요리한) 등 형용사적으로 사용하면 품질 보증을 나타냅니다. 특히 중산계급의 감성이 예민하게 다듬어진 빅토리아 시대에 가정의 감정적인 가치는 높아졌고, 이 가치가 아이들의 기억에도 새겨졌던 듯합니다.

늦어도 19세기 중반부터 가정은 인간적인 따뜻함의 원천으로서 영국인의 마음을 사로잡았고, 가정을 무대로 삼은 소설도 인기를 누렸습니다. 영국인에게 가정은 마음 편한 곳이어야 하고 누구에게도 방해받고 싶지 않은 곳이기 때문에 초대하지 않은 손님의 방문은 마뜩지 않게 여기기도 합니다.

---

* J. H. 고링의 시 「랄루 호수의 발라드와 다른 운율들」(The Ballad of Lake Laloo and Other Rhymes, 1909).

아름다운 영국 풍경

또 하나, 집 주변 풍경도 '홈'을 구성하는 요소입니다. 영국인의 고향 사랑은 무척이나 애틋합니다. 윤기 흐르는 평지와 황야, 구릉지가 이어지고 곳곳에 밭과 목장을 둘러싼 숲이 있습니다. 영국의 풍경은 전체적으로 온화하고 부드러우며 계절마다 변화가 풍부합니다. 또 비슷비슷한 듯하면서도 지역마다 특색이 강한데, 하나같이 그림처럼 아름답습니다. 태어나고 자란 고향의 아름다운 풍경을 생각하는 영국인의 마음은 매우 정겹습니다.

산업혁명 이후 영국에서는 인구 증가와 난개발로 파괴된 아름다운 자연환경을 회복하려는 움직임이 일어났습니다. 1895년에 결성한 '내셔널 트러스트'National Trust는 역사적인 명승지와 경치가 뛰어난 명소를 보호하는 단체입니다. 『피터 래빗』*Peter Rabbit* 시리즈의 작가 비어트릭스 포터Beatrix Potter(1866~1943)가 영국에서 가장 아름답다고 알려진 산과 호수의 드넓은 토지를 사들여 이 단체에 기부한 것으로 유명합니다.

일본에서 태어난 영국 작가 가즈오 이시구로는 소설 『남아 있는 나날』*The Remains of the Day*(1989)에서 다른 무엇과도 바꿀 수 없는 영국의 차분하고 훌륭한 경관이 영국인에게 어떤 의미를 가지는지 솜씨 좋게 말했습니다.

내가 본 것은 완만하게 봉긋 솟아 끝 모르게 이어진 풀밭과

밭이었습니다. 대지는 부드럽게 올라갔다 내려오고, 밭은 울타리와 나무로 푸르게 뒤덮여 있었습니다. 멀리 있는 초지에 점을 찍은 듯 보이는 것은 양이었다고 생각합니다. 저기 저편 오른쪽의 지평선 바로 근처에는 교회의 사각 탑이 서 있는 듯했습니다. (중략)

이 위대함은 대체 무엇일까요. 이 땅의 아름다움을 돋보이게 하는 확실한 대본이나 현란한 볼거리의 부재 아닐까요. 그 아름다움이 지닌 차분함, 그것의 신중함이라고 하는 것이 정확한 표현이겠지요. 이 땅은 스스로 자신의 아름다움과 위대함을 알고 있듯 그것을 큰 소리로 외칠 필요가 없다는 것도 알고 있습니다. 이에 비해 아프리카나 아메리카 같은 곳의 경관은, 물론 의심할 바 없이 가슴이 고동칠 만큼 장관입니다만, 볼썽사납게 노골적으로 떠들어 대기 때문에 보는 사람으로 하여금 열등하다는 인상을 주는 것 같습니다.

이어서 그는 주인공의 입을 빌려 '품격'이라는 말로 영국의 풍경을 형용합니다. "영국의 풍경이 가장 훌륭한 모습으로 나타날 때, 그곳에는 외국의 풍경이—비록 표면적으로 아무리 극적이라고 해도—결코 품어 낼 수 없는 품격이 있습니다. 그리고 그 품격이 보는 이에게 무척이나 충만한 만족감을 안겨 줍니다."

"시골길이 거기 있기만 하다면, 곡식을 심은 밭 옆에 작은 오두막이 있기만 한다면, 잉글랜드는 항상 거기 있다네."* 이것은 제2차

247

- 영국의 전원 풍경(ⓒ Patricia Hofmeester, 123RF)

세계대전에 출정한 병사들이 더없이 사랑하며 흥얼거리던 노랫말
입니다.

징집당해 전쟁터로 나간 병사나 식민지로 건너간 영국인도 언젠
가 고향에 돌아갈 날을 꿈꾸며, 이국의 땅에서도 영국의 아름다운
풍경이라는 환영을 보았던 것입니다.

---

* 로스 파커가 작곡하고 휴이 찰스가 작사한 애국적인 가요 「잉글랜드는 항상 거기 있다네」
(There'll Always Be An England, 1939), 베라 린이 노래를 불러 크게 히트했다.

페어플레이 정신

영국인의 또 다른 특성은 '페어플레이'fair play(정정당당한 승부)를 대단히 중시한다는 점입니다. 귀족을 비롯해 농민, 도시 노동자, 마차를 끄는 마부까지 공정성fairness이 무엇인지 잘 알고 있습니다. 이제까지 살펴본 왕과 귀족 및 중산계급은 단계적으로 만들어 온 법적 유산과 국가 제도를 충실하게 따릅니다. 영국인이 자랑하는 영국 헌법(법과 규칙의 집합)은 위에서 강제로 밀어붙인 것이 아니라 자연스러운 정의의 감각을 제도화한 것입니다.

18~19세기 유럽 혁명의 시대에 프랑스가 추상적이고 보편적인 권리를 주장한 반면, 영국은 공평함을 사회적으로 합의consensus하는 틀을 제공했습니다. 영국인은 추상적인 이념이나 강력한 정부에 속박당하는 것이 아니라 자신들의 내적 감각을 법과 관습으로 구현해 자발적으로 따르려고 했습니다.

페어플레이의 요건은 규칙을 준수한다든지 사회생활의 요구에 기계적으로 부응하는 것일 뿐만 아니라 공동생활을 철저하게 중시하는 것입니다. 이것이야말로 영국인의 기질에 가장 잘 부합합니다. 말하자면, 가까이는 집단과 단체에 복종하고 멀리는 왕이 상징하는 국가에 헌신해야 합니다.

페어플레이 정신을 일상적으로 기르는 계기는 스포츠입니다. 중세 시대처럼 서로 거칠게 몸을 부딪치는 것이 아니라, 규칙과 심판이 있는 근대 스포츠를 말합니다. 18~19세기 영국에서는 페어플레이를 존중하는 스포츠맨십을 높이 평가했습니다.

귀족과 젠틀먼이 스포츠를 통해 폭력성을 바로잡고 인내심을 기르던 것이 점차 영국인 전체의 특징으로 자리 잡았습니다.

근대 스포츠의 발상지

영국을 대표하는 스포츠에는 무엇이 있을까요? 실로 영국적인 스포츠라고 할 수 있는 크리켓은 16세기부터 점심시간이나 오후 티타임에 젠틀먼이 하던 정교하고 우스운 놀이에서 유래합니다. 전국적으로 통일된 규칙이 만들어진 것은 1744년입니다. 19세기 빅토리아 시대에는 젠틀먼의 품격에 맞게 동작이 아름답고 존중할 만한 게임이라며 이 신기한 게임을 권장했습니다. 1805년부터 퍼블릭스쿨인 이튼 칼리지와 해로 스쿨 간에 크리켓 실력을 겨루던 것이 전통으로 굳어졌습니다. 상대의 실수를 기다리는 스포츠인 크리켓은 무척 느긋하게 진행되기 때문에 온종일이 걸려도 승부가 나지 않는 경우도 있답니다.

또 하나, 다른 나라 사람들은 좀처럼 이해할 수 없는 영국만의 귀족적 스포츠인 폴로가 있습니다. 이 경기는 고대 페르시아에서 기원했는데, 식민지 인도에서 폴로 경기를 목격한 영국인이 1860년대에 본국으로 들여와 새로운 규칙을 정하고 퍼뜨렸습니다. 네 명이 한 팀이 되어 말을 타고 스틱으로 공을 쳐서 상대편 골에 넣는 게임입니다.

- 18세기 크리켓

　폴로는 유유하고 몰아붙이지 않는 우아한 귀족 스포츠인 만큼 왕족도 한몫 거들었습니다. 마상 경기라는 것도 왕족에게 어울리지요. 엘리자베스 2세의 남편인 필립 공은 폴로의 명수였고, 찰스 왕태자는 케임브리지대학에서 폴로 예비 선수였다고 합니다. 찰스와 다이애나 비의 아들인 윌리엄 왕세손과 헨리 왕자도 취미로 폴로를 즐기고 있습니다.

　왕족이 힘을 쏟은 또 다른 스포츠는 경마입니다. 1574년 엘리자베스 1세가 빈번하게 방문하던 솔즈베리 평원의 경마장에 관중석(스탠드)을 만들었다고 알려져 있습니다. 역대 왕 대부분이 경마를 비호하고 애호했습니다. 엘리자베스 1세 말고도 제임스 1세, 찰스 1세 역시 경마의 열렬한 팬이어서 그들 시대에는 뉴마켓Newmarket이라는 경마 마을이 세워졌다고 합니다.

　왕정복고 이후의 찰스 2세도 경마를 좋아했습니다. 그는 관전이나 말 사육, 말 거래에 관여하는 것으로 만족하지 못하고, 1671년 10월 14일 뉴마켓에서 열린 타운 플레이트Town Plate라는 경기에 직접 출전해 우승을 차지했습니다.

특기할 만한 일로는 윌리엄 3세가 햄프턴 코트에 말 전용 번식장을 만든 것과 앤 여왕이 자발적인 후원으로 로열 애스콧Royal Ascot 경기장(현재도 왕실 소유)을 세운 것을 꼽을 수 있습니다. 이후로도 왕과 왕족들은 경마를 사랑하고 보호하며 왕실 소유의 말이 경기에서 승리하기를 염원했습니다. 과연 경마는 '왕의 스포츠'로 불릴 만하구나 싶습니다.

지금의 엘리자베스 여왕도 경마를 아주 좋아해서 경주마를 소유하고 있으며 매년 6월(또는 5월)에 열리는 엡섬 더비Epsom Derby를 손꼽아 기다린다고 합니다. 경주를 보다가 흥분한 여왕이 자리에서 일어나 맨 앞줄까지 뛰어나가는 모습이 텔레비전 화면에 잡힌 적도 있습니다.

근대 스포츠의 발상지로 알려진 영국에서는 이제까지 얘기한 '귀족적인' 스포츠 이외에 축구, 테니스, 럭비, 모터스포츠 등 서민적인 스포츠도 탄생했습니다.

고딕소설에서 추리소설로

앞에서 영국에는 문학을 제외하고는 위대한 예술 작품이 없다고 썼습니다만, 문학이 발달한 것도 대영제국의 절정기인 빅토리아 시대였습니다. 영국 문학의 특징으로는 5장에서 말한 죽음에 대한 관심, 리얼리즘, 서사적인 서술을 들 수 있습니다.

빅토리아 시대보다 조금 앞선 시기에 짧은 기간 동안 인기를 얻으며 후대 소설에도 영향을 미친 장르가 있습니다. 바로 '고딕소설'입니다. 고딕소설의 효시는 유명 정치가의 아들인 호러스 월폴 Horace Walpole이 쓴 『오트란토 성』*The Castle of Otranto*(1764)입니다. 이 작품은 낡고 허름하고 으스스한 고딕식 건물과 폐허가 된 수도원, 지하 감옥을 무대로 삼아 산적, 피에 굶주린 악마, 잔인한 종교 재판, 아동 살해 등 소름 끼치는 사건들을 그려 내 공포심을 불러일으켰습니다. 하늘에서 커다란 투구가 내려오는 등 초현실적인 현상도 끌어들였습니다.

이러한 악몽의 세계는 실로 프로테스탄트의 엄격한 도덕과 법률에서 잠시나마 해방되는 카타르시스를 안겨 주었겠지요. 고딕소설은 18세기 말에 전성기를 누리다가 19세기에 쇠퇴합니다.

하지만 고딕소설이 스러져 갔다고 해서 엽기 취미가 사라진 것은 아닙니다. 오히려 1828년 이후 '피를 관심거리로 내세운' 몹시 칙칙한 목판화를 삽입한 연재물이 겨우 1페니에 팔리기 시작했습니다. 노동자들이 탐독한 이런 작품을 '페니 블러드'penny blood 혹은 '페니 드레드풀'penny dreadful이라고 부릅니다. 폭력과 살인을 중심으로 기상천외한 이야기가 펼쳐지는 그야말로 통속적인 싸구려 소설입니다. 그러나 이런 소설은 날개 돋친 듯 팔려 나가 출판사의 배를 채워 주었습니다. 특히 에드워드 불워 리턴Edward Bulwer

Lytton이 쓴 『펠럼―어느 귀족의 모험』Pelham: or The Adventures of a Gentleman(1828)은 굉장한 베스트셀러의 반열에 올랐는데, 국왕 조지 4세도 이 작품에 완전히 빠져들어 왕궁마다 한 권씩 배치하도록 명령했다고 합니다.

빅토리아 시대에도 『흡혈귀 바니』Varney the Vampire(1847) 같은 페니 드레드풀이 무척 인기가 높았습니다. 살인범의 전기도 잇달아 출간되어 인기를 끌었습니다. 페니 블러드(페니 드레드풀)가 실제 사건들에 상상을 더한 것인 만큼 사람들은 현실에서 벌어지는 살인 사건에도 비상한 관심을 가졌습니다.

1823년 존 서텔John Thurtell이 저지른 '래들릿 살인사건', 1828년 윌리엄 코더William Corder가 일으킨 '붉은 헛간 살인사건', 1849년에 일어난 '버몬지의 공포', 1860년의 '로드 힐 하우스 살인사건' 등등 모든 영국인이 마치 아마추어 탐정이라도 된 듯 현실의 살인 사건을 두고 공포에 떨면서도 추리에 몰두했습니다. 의외의 인물이 범인이고, 계획에 치밀함과 냉혹함이 돋보이고, 살인 수법이 자극적이고, 살인 장소가 예상치 못한 곳이라면 한층 더 '멋지게' 보였습니다. 신문과 잡지도 하루가 멀다 하고 소란을 피워 댔습니다. 개중에도 표독한 삽화를 넣은 싸구려 브로마이드(기와판* 한 장짜리)는 노동자들이 앞다투어 손에 넣었습니다.

살인 현장과 사체를 실어 나르는 마차, 처형된 범인의 시체 등을

---

*   예전에는 목판 대신 마른 진흙판에 내용을 새겨 구워서 인쇄했다.

보기 위해 몇만 군중이 마치 순례라도 하듯 호기심을 가득 품고 모여들었습니다. 살인 사건은 기념품(장신구, 공예품, 회화, 살인 현장을 복원한 도자기)으로 재탄생했고, 거리의 연극, 인형극, 요지경*도 되었습니다. 발라드로도 만들어져 모두 노랫말을 열심히 외우고 흥얼거렸습니다.

이러한 상황을 배경으로 유명한 살인범이 영원한 생명을 얻는 곳이 바로 '밀랍 인형 박물관'입니다. 가장 유명한 것은 윌리엄 4세 시대에 개장한 튀소 부인Madame Tussaud**의 밀랍 인형 박물관입니다. 그곳의 '공포의 방'Chamber of Horrors에는 악명을 떨친 살인범 인형과 그에 관련한 물품이 전시되어 있습니다. 특히 하층민들은 여기에서 유명한 살인범과 대면하고 몹시 즐거워했습니다.

여담이지만 영국 민중은 밀랍 인형 박물관에서 살인범만큼이나 왕실 인사들과 꼭 대면하고 싶어 했습니다. 튀소 부인의 밀랍 인형 박물관에서는 헨리 8세부터 오늘날의 윌리엄 왕세손과 캐서린 세손빈에 이르기까지 실물 크기로 줄지어 서 있는 영국 왕족을 만나볼 수 있습니다.

이러한 전통은 이후 탐정소설과 추리소설로 화려하게 이어집니다. 19세기 말에는 아서 코난 도일의 『셜록 홈즈』 시리즈, 20세기 전반에는 G. K. 체스터턴의 『브라운 신부』 시리즈, 이후로는 애거

---

*　　확대경 속에 여러 가지 재미있는 그림을 넣어 돌리면서 구경하는 장난감.

**　　프랑스에서 태어나 1777년부터 밀랍 인형을 만들었다. 프랑스혁명 당시 단두대에서 처형된 정치인들의 데스마스크를 밀랍으로 만들어 유명해졌다. 1800년대 초 영국 런던으로 이주했고 1835년에 밀랍 인형 박물관을 개장했다.

사 크리스티의 시대가 이어집니다. 이들은 전통적인 영국 탐정소설의 근간을 이루는 '인간성 탐구'에 매달렸습니다.

빅토리아 시대의 분위기가 남아 있는 탐정소설과 추리소설은 구식에 얽매여 규범만 고집하는 기만적인 세상을 뒤집어 봄으로써 성격 묘사와 인간성 탐구를 심화했습니다.

이 작가들의 스승으로 존경받는 사람이 바로 찰스 디킨스입니다. 디킨스의 작품도 추리소설의 성격을 띠곤 하는데, 이곳저곳에 수수께끼가 감추어져 있습니다. 이를테면 『황폐한 집』Bleak House (1853)에서는 버킷 경감이 살인 사건의 수수께끼를 풀어 나갑니다. 소설의 무대인 런던의 뒷골목 세계를 탐정의 눈으로 묘사함으로써 겉만 번지르르한 물질적 풍요로움 뒤편에 숨은 빈곤한 정신이라는 시대의 위선을 낱낱이 까밝히고 있습니다.

로열 워런트

다음으로 생활문화의 나라로서 영국과 왕의 관계를 살펴봅시다. '영국 왕실에 납품'한다고 하면 저 높은 곳에 있는 귀한 무언가가 머릿속에 그려질지도 모르겠습니다. 물론 특별히 엄격한 심사를 거치기는 하지만, 규모가 작은 생선 가게나 꽃집, 구둣방과 모자 가게부터 과자, 포도주, 치즈 등 식료품, 비누나 향수, 문구까지 퍽 다양한 일용품이 모두 납품 대상에 포함된다는 특징이 있습니다. 웨지우드Wedgwood, 해러즈Harrods, 버버리Burberry 등 고급 브랜드나 대규모 컴퓨터 회사뿐만 아니라, 오늘날 약 800개 기업과 개인이 왕실에 물건을 납품하고 있습니다.

이러한 왕실 납품은 뭉뚱그려 지정하는 것이 아닙니다. 왕이나 왕태자가 각각 마음에 드는 제품의 생산자를 납품 목록에 올리자고 제안하고 이에 생산자가 응답하면, 로열 워런트royal warrant(왕실 납품 인정 증명서)를 가게 입구나 상품 및 포장에 붙일 수 있습니다. 또 왕실 납품 목록은 5년마다 재심을 거쳐 납품을 중단하는 경우도 있습니다. 1999년 엘리자베스 2세가 건강 문제로 납품 목록에서 담배를 빼는 바람에 담배 회사인 갤러허Gallaher가 타격을 입기도 했습니다.

로열 워런트가 정치와 경제에 특별히 영향을 미친 시기는 빅토리아 시대였습니다. 당시 로열 워런트의 힘으로 상업이 대거 보호받았고 경제가 눈에 띄게 발전했습니다. 빅토리아 여왕이 2,000여 가지나 되는 물품에 대해 로열 워런트를 발급하고 절대적인 신용을 부여해 주었기 때문입니다. 실로 '서민의 왕'이 된 빅토리아 여왕이기에 가능했던 위업일 것입니다.

당시 인정받은 포트넘 앤드 메이슨Fortnum & Mason(백화점), 슈웹스Schweppes(식료), 트와이닝스Twinings(홍차) 등은 오늘날까지도 납품 목록에 들어 있고, 그 밖에도 200년 전부터 인정받은 가게와 기업이 여럿 있습니다. 영국에서는 이렇게 왕이 선두에 서서 나라의 상업을 지키고 발전시키는 정책을 한결같이 취하고 있습니다.

영국 왕실 납품의 역사는 이보다 더 거슬러 올라갈 수도 있습니다. 가장 오래된 역사는 1155년에 헨리 2세가 직물 회사인 위버스 컴퍼니Weaver's Company에 왕립 헌장Royal Charter을 내린 것으로 알려져 있습니다. 15세기에는 오늘날과 비슷한 로열 워런트가 성립해 왕실의 납품 상인이 인정을 받았습니다.

참고로 현재는 엘리자베스 여왕, 필립 공, 찰스 왕태자 등 세 명이 왕실 납품을 결정하는 권리를 갖고 있습니다.

양복의 탄생

왕실 납품 목록에는 없지만 왕이 관심을 가지면서 귀족과 서민으로 저변이 확대된 것도 있습니다. 가장 먼저 떠오르는 것이 양복suit입니다. 영국에서 만들어 낸 신사복은 공용어인 영어와 더불어 세계를 석권했습니다. 양복의 기능성과 기품은 가히 영국적이라고 할 만합니다. 중세 말인 1666년에 국왕 찰스 2세가 칙령을 내려 더블릿doublet과 호스hose(반바지)를 남성복의 전형으로서 착용하도록 선언한 것이 양복의 기원이 되었습니다(258쪽 그림 참조). 여기에 셔츠와 타이를 더한 조합을 주위의 신하들과 귀족계급이 모방하면서 양복은 널리 일반화되었습니다.

18세기 말부터 19세기에 걸쳐 승마복 스타일의 양복이 정착했고, 젠틀먼이 컨트리클럽에서 입던 프록코트와 모닝코트를 거쳐 깃 달린 긴소매 웃옷과 통바지(이때 반바지가 긴 바지로!)에 베스트vest(조끼) 등이 더해져 오늘날 양복의 모습을 거의 갖추었습니다. 위아래

257

- 찰스 2세(오른쪽)가 보여 준 양복의 원형

- 1900년대 스리버튼 양복

옷을 같은 옷감으로 맞춘 신사복의 직접적인 기원은 19세기 중엽의 라운지 슈트lounge suit라고 합니다.

신사복 탄생을 향해 가는 가운데 역대 왕들이 런던 사교계의 멋쟁이임을 과시하면서 패션의 선두 주자가 되었다는 것도 흥미롭습니다. '댄디즘의 아버지' 조지 브러멀George Brummell을 비호한 조지 4세, 패션에 특별한 관심을 보인 에드워드 7세를 비롯해 조지 5세, 에드워드 8세 등이 대표적으로 신사복에 영향을 끼쳤고, 오늘날 양복의 모습을 서서히 만들어 나갔습니다.

그들은 국왕의 권위를 유지하고 위엄을 높이기 위한 패션을 고집했는데, 흥미롭게도 그것이 귀족, 지식층, 시민의 표준 의복으로 자리 잡았습니다. 입어서 편하고 실용적인 양복과 신사복의 애호가들은 점점 늘어 갔습니다.

영국은 '여왕과 영어와 BBC(영국의 공영방송)의 나라'라고들 합니다. 선전 효과와 경제 효과가 큰 왕실은 영국을 대표하는 일종의 소프트파워라고 할 수 있습니다. 최근 들어 캐서린 세손빈이 입은 양복이나 몸에 걸친 장신구가 전 세계 여성들에게 화제가 되고 있지요. 왕실의 홍보 효과는 절대적입니다. 왕실 인사가 외국을 방문할 때 기업 관계자가 동반함으로써 영국 제품의 판매와 시장 개척에 힘을 기울이고 있습니다. 그들은 가장 훌륭한 광고탑인 동시에 '영국 제일의 세일즈맨'입니다.

영국 왕실의 권위와 신용, 이것은 영국 국민이 왕과 왕족을 경애한다는 증거일 뿐 아니라 다른 나라 사람들도 그들의 모습에 주목하고 있다는 증거이기도 합니다.

7장

대중매체를 따라 달리는 대중왕

조지 5세부터 엘리자베스 2세까지

〔1910년~ 〕

제1차 세계대전과 노동당의 대두

에드워드 7세 이후에는 차남인 **조지 5세**(재위 1910~1936)가 왕위에 올랐습니다. 그는 병으로 세상을 뜬 형의 약혼자 메리와 결혼했는데, 그녀의 내조가 무척 큰 도움이 되었습니다. 왕태자 시절에는 부왕을 본받아 총 7만 킬로미터가 넘는 거리를 움직이며 열심히 식민지를 시찰했습니다.

그는 입헌군주의 자리에서 내각에 적절한 조언을 하기로 마음먹었습니다. 이를테면 상원(귀족원)의 입법권을 박탈하고 하원에 국정의 실권을 쥐어 주는 법안이 나왔을 때 상원 의원들은 자신들의 이해득실만 따지며 내각에 저항했습니다. 그때 조지 5세는 거부권 발동이나 새로운 귀족에게 작위를 수여하는 권한 행사에 대해 넌지시 말하며 자유당의 애스퀴스Asquith 내각에 힘을 보탰습니다. 그 덕분에 1911년 의회법이 상원을 통과했습니다.

그런데 1914년 6월 사라예보에서 오스트리아 황태자 부부가 암살당하면서 제1차 세계대전이 발발합니다. 영국은 프랑스, 러시아와 함께 연합국으로서 독일과 싸웠습니다. 영국군만 해도 약 90만 명이 목숨을 잃는 막대한 피해를 입었지만, 1918년에 영국군 전차를 투입해 독일군을 몰아붙인 덕분에 승리할 수 있었습니다.

제1차 세계대전이 벌어지는 동안 조지 5세는 헌신적으로 싸우는 모습을 보여 주었습니다. 왕비와 함께 전함이나 수송선, 병원선을 비롯해 전쟁터와 야전병원도 찾았습니다. 또 영국인 대다수가 독일계 왕실을 모시고 있다는 사실에 불쾌감을 드러내자, '작센코부르크고타'라는 독일계 왕조 이름을 역대 왕과 인연이 있는 성에서 따온 영국식 이름 '윈저'로 바꾸었습니다.

전후 영국은 국력이 약해졌고 제국도 해체 위기에 놓였습니다. 인도, 캐나다, 오스트레일리아, 아일랜드 등 식민지에서는 '본국'의 우월한 지위가 흔들리면서 곳곳에서 독립 운동이 일어났습니다. 이에 옛 대영제국을 통합하는 법과 제도, 관행을 개정하려는 움직임이 일어났고, 그 결과 런던에서 열린 제국회의(1926)를 통해 새로이 '영국연방'Commonwealth of Nations이 탄생했습니다. 나아가 웨스트민스터헌장(1931)을 통해 캐나다, 오스트레일리아, 뉴질랜드, 뉴펀들랜드섬, 남아프리카연방, 아일랜드자유국 등 각 자치령의 정부는 본국과 형식상 대등한 지위를 인정받기에 이르렀습니다.

그러나 영국자치령에서 영국 왕의 권위가 쓸모없어진 것은 아닙니다. 오히려 영국의 왕관은 연대와 충성 의무, 조언과 승인의 권리를 대표하는 영국연방 공통의 상징이 되었습니다.

제1차 세계대전 후 경제적으로 퇴조하는 가운데 탄광업을 비롯한 재래 산업은 내리막길로 들어섰고, 임금을 줄이고 노동시간을 늘리려는 고용주에 대해 노동자는 맹렬하게 반발했습니다. 정부의 처사에도 환멸을 느낀 노동자들이 노동쟁의를 반복했고, 1930년대에

는 불황 지역에서 런던에 이르기까지 '기아 행진'을 하며 실업자의
궁핍을 알렸습니다.

파업과 시위를 아무리 탄압해도 노동조합의 힘은 점점 더 강해
졌고, 정치가들은 더 이상 노동자의 요구를 무시할 수 없었습니다.
1906년에 결성한 노동당은 약진을 거듭해 1924년에는 노동당 내
각이 성립합니다. 아울러 지지부진하던 여성의 보통선거권 보장이
1928년에 이루어졌습니다.

1929년에 세계는 엄혹한 경기후퇴에 빠졌습니다. 이른바 '세계
대공황'입니다. 1930년대에는 특히 잉글랜드 북부의 방직과 채탄
같은 전통 산업이 급속도로 무너지면서 실업자가 넘쳐 났습니다.
반면에 중부와 남부에서는 자동차와 항공기, 전자 기기 제조를 포
함해 새로운 산업이 싹텄습니다.

조지 5세는 만년에 아일랜드 독립 문제, 나치 독일의 대두 등 국
내외의 다양한 문제에 부딪쳤습니다. 1935년 즉위 25주년 기념식
전에서 그는 자신이 평범한 사람이라고 말했습니다. 그 말대로 친
근감 넘치는 왕으로서 인기를 누리던 조지 5세는 이듬해 세상을 떠
났습니다.

아일랜드 문제

아일랜드 자치법안이 성립한 것은 조지 5세 시대였습니다. 이 법안
은 나중에 아일랜드(남아일랜드) 독립을 위한 발판이 되었습니다. 아

일랜드 문제는 20세기 영국을 뒤흔들며 고민에 빠뜨리는 심각한 사안이었습니다.

글래드스턴 수상이 제출한 아일랜드 자치법안은 상원에서 두 번 부결되었습니다. 1912년에 자유당의 애스퀴스 수상이 제3차 자치법안을 의회에 제출했지만 역시 실패했습니다. 1914년 또다시 의회에 법안을 제출했을 때, 보수당과 자유당의 대립을 조정하기 위해 조지 5세가 나섰습니다. 결국 법안은 제1차 세계대전이 발발하면서 긴급 입법으로 겨우 의회를 통과했습니다.

그런데 전쟁 중에 아일랜드에서 공화국을 수립하려던 '부활절 봉기'(1916)가 실패하고 주모자가 처형당한 일, 나아가 아일랜드에도 징집령을 적용한 일 때문에 아일랜드에서는 영국에 대한 적대감이 단숨에 폭발합니다. 그리고 신페인Sinn Fein당이 대두해 1919년에 대영 독립 투쟁이 시작됩니다.

영국 정부는 '아일랜드정부법'An Act to Provide for the Better Government of Ireland(1920) 등 다양한 법률을 제정해 아일랜드의 독립 투쟁을 억압하려고 했습니다. 1922년 남부에는 아일랜드자유국(아일랜드의 전신)이 수립되었고, 프로테스탄트가 많은 얼스터 지방 여섯 주는 지금의 영국령 '북아일랜드'가 되었습니다. 북아일랜드에서는 가톨릭교도 주민이 정치적, 경제적, 사회적으로 차별받았습니다. 북아일랜드와 남아일랜드는 각각 특수부대를 조직해 서로를 학살했습니다.

제2차 세계대전이 끝나고 나서도 북아일랜드에서는 내전이 계속되었습니다. 1969년에 남북 통일을 위한 무장 조직인 IRA(아일랜드공화국군)가 대대적으로 무장투쟁을 전개한 이래 테러가 자주 일어났습니다. 북아일랜드의 소수파인 가톨릭 주민은 프로테스탄트 군사 조직과 왕립 얼스터 경찰대의 습격에 대한 두려움을 일상적으로 안고 살아야 했습니다. 영국 정부는 1982년 '밀고자 작전'과 '사살 정책'을 펼쳐 IRA를 탄압했습니다.

그 후 블레어 수상이 IRA에 다시금 정전을 촉구하는 동시에 평화를 위해 새로운 제안을 내놓았지만, 정당들의 거센 반발을 누그러뜨리지 못했습니다. 그러나 지속적이고도 성실한 노력을 기울임으로써 1998년 4월에 북아일랜드 의회와 남북 의회 대표로 구성된 '남북 평의회' 신설과 아일랜드, 스코틀랜드, 웨일스 의회 대표로 이루어진 '협의회' 발족 등을 핵심 사안으로 채택한 평화 합의(벨파스트협정 또는 성금요일협정)가 이루어집니다.

엘리자베스 2세도 평화를 위해 최선을 기울였습니다. 2011년 5월, 여왕은 조지 5세 이후 100년 만에 국왕의 자격으로 아일랜드를 방문했습니다. 영국군 병사로 징집되어 전사한 아일랜드 희생자들의 추모 공원 등을 찾았고, 그로부터 한 달 뒤에 IRA 전 사령관 마틴 맥기니스Martin McGuinness와 북아일랜드 벨파스트에서 만나 악수한 일도 화제에 올랐습니다.

두 나라 간의 화해는 상당히 진전한 듯 보이지만 아일랜드 문제는 아직도 전면적인 해결을 보지 못한 상태입니다.

목소리를 전하는 국왕

20세기 들어 왕권을 드러내는 방식에 눈에 띄는 변화를 가져온 것이 바로 라디오입니다. 일본 정치학 교수 미즈타니 미쓰히로水谷三公가 쓴『영국 왕실과 미디어―에드워드 대중왕과 그의 시대』イギリス王室とメディア―エドワード大衆王とその時代(분게이슌주, 2015)에서 이에 대해 자세히 다루고 있습니다.

1992년에 BBC 방송국이 처음으로 라디오 방송을 내보냈습니다. 1930년대에는 영국 가정에 라디오가 널리 보급되었습니다. 1933년까지는 절반 정도, 1939년에는 거의 대부분의 가정이 라디오를 보유했습니다. 1936년에는 BBC가 처음으로 텔레비전 방송을 내보냈습니다. 이는 제2차 세계대전으로 중단되었다가 1946년에 재개되었습니다.

국민의 귀로 직접 전달되는 라디오를 통해 국왕 조지 5세가 자신의 목소리를 내보낸 일이 영국 사회에 엄청난 반향을 일으켰습니다. 1924년 4월 23일에 국왕은 런던 교외의 웸블리에서 열린 대영제국 박람회 개회식에 참석했습니다. BBC 방송을 통해 개회를 알리는 조지 5세의 목소리가 각 가정으로 전해졌고, 라디오를 들은 사람들은 열광했습니다. 당시 영국 인구 약 4,500만 명 중 1,000만 명 이상이 국왕의 목소리에 귀를 기울였다고 합니다. 또 폐회식에는 조지 5세 대신 왕태자 에드워드가 참석해 라디오로 인사를 전했습니다.

영국 정부도 이러한 반응에 주목하며 국왕의 목소리를 통해 애국심을 고무하고 국민 통합을 이루어 낼 것을 기대했습니다. 1932년에 BBC가 제국 방송 서비스를 개시하면서 조지 5세가 크리스마스 라디오 방송에 출연했습니다. 국왕의 크리스마스 인사가 라디오 전파를 타고 영국 본국을 뛰어넘어 인도, 오스트레일리아, 캐나다, 서아프리카 등 식민지와 자치령까지 전해졌습니다. 방송으로 전달된 겸손하고 침착한 화법 덕분에 조지 5세는 '가정적인 사람', '위대한 보통 사람', '성실하고 겸허하고 노력하는 사람'이라는 칭송을 들었습니다.

국왕의 BBC 크리스마스 방송은 오늘날까지 이어지고 있습니다. 1957년에 엘리자베스 2세는 처음으로 텔레비전을 통해 크리스마스 연설을 했습니다. 이후로도 종종 왕실의 모습을 있는 그대로 전국의 시청자에게 보여 주곤 했습니다.

멋쟁이로 알려진 에드워드 왕태자는 국민들에게 더욱 친근하게 다가갔습니다. 그는 하층민이 고통을 겪는 실업 문제나 주택 문제에 관심을 보이고 문제 해결에 힘을 쏟았습니다. 라디오 방송에도 매우 적극적으로 임한 에드워드는 1922년부터 이런저런 기회가 있을 때마다 라디오를 통해 국민에게 호소하는 바람에 '라디오 프린스'로 불리기도 했습니다.

1936년 그는 에드워드 8세로 즉위했지만, 두 차례 이혼한 미국 여성 월리스 워필드 심프슨Wallis Warfield Simpson과 결혼하기 위해 (이른바 '왕관을 건 사랑') 왕이 된 지 일 년도 안 되어 퇴위했습니다.

- 윈저 성에서 평온한 일상을 보내는 조지 6세 일가(왼쪽부터 조지 6세, 엘리자베스 왕비, 엘리자베스 2세, 마거릿 공주)

국교회의 수장이기도 한 왕에게 그와 같은 결혼은 허용되지 않았기 때문이지요. 그는 이때도 라디오를 이용합니다. BBC 방송으로 퇴위를 선언하면서 국민 앞에서 "사랑하는 여성 없이는 국왕의 책임을 다할 수 없다"고 솔직하게 고백한 것입니다.

이리하여 뜻하지 않게 동생 요크 공이 뒤를 이어 조지 6세(재위 1936~1952)로 즉위합니다. 그가 바로 엘리자베스 2세의 아버지입니다. 언어 장애가 있었던 조지 6세는 왕위에 오르고 싶은 마음이 전혀 없었지만 어쩔 수 없이 1936년 아내 엘리자베스 보우스라이언Elizabeth Bowes-Lyon과 함께 대관식에 나갔습니다. 왕위에 오른 뒤에도 연설에 어려움을 겪던 왕에게 오스트레일리아의 언어치료사가 도움의 손길을 내밀었습니다. 두 사람의 노력과 왕비의 내조로 조지 6세는 결국 장애를 극복하고 놀랄 만큼 연설 실력이 늘었습니다. 라디오를 통해 독일에 선전포고를 한 것도 바로 조지 6세였습니다.

그 후 라디오를 통해 호소하는 조지 6세의 연설은 국민들의 압도적인 공감과 칭송을 얻었습니다. 조지 6세가 말더듬증을 극복하는 이야기는 2010년에 영화 「킹스 스피치」The King's Speech로 만들어져 화제를 모았습니다.

왕실은 라디오 말고도 여러 매체를 이용했는데 그 가운데 영화도 있었습니다. 아니, 영화가 왕실을 이용했다고 해야 할까요? 그 무렵부터 극장에서는 영화를 상영하기 전이나 중간 휴식 시간에 왕실이 자주 등장하는 '뉴스영화'를 틀어 주었습니다. 모든 계층의 관객이 왕과 왕족의 모습을 생생하게 볼 수 있었던 것입니다. 이것이 바로 대중왕의 탄생입니다.

제2차 세계대전과 제국의 해체

조지 6세 시대에는 제2차 세계대전이 한창이었습니다. 왕과 그 가족은 전쟁 중에도 피난하지 않고 런던에서 국민과 함께 전쟁을 치르며 국민을 격려해 '좋은 왕'이라는 평판을 얻었습니다.

1939년 9월 3일, 독일의 폴란드 침공에 맞서 영국과 프랑스가 선전포고를 함으로써 제2차 세계대전이 발발했습니다. 전쟁 중에는 가솔린, 식량, 의복 배급제를 실시했는데, 일상적으로 필요한 물품이 부족해 시민들의 생활이 고달팠습니다. '승리를 위해 일구자.'Dig for Victory라는 구호 아래 경지 확대가 이루어졌고, 1939년에 500만 헥타르(100헥타르는 1제곱킬로미터) 미만이었던 경작지가 1945년에는 730만 헥타르 가까이 증가했습니다.

독일군이 주요 도시들을 폭격했지만 영국은 잘 견뎌 냈습니다. 1945년 5월 7일에 독일 국방군이 연합군에 무조건 항복함으로써 제2차 세계대전은 막을 내렸습니다. 그러나 영국이 입은 피해는 막심했지요. 4만여 명에 이르는 시민이 희생당했고, 가옥 약 100만 채가 파괴되거나 부서졌습니다.

전후 영국은 식민지 주민에게 영국 국적을 선택할 권리를 주었습니다. 여기에는 노동력 부족을 해소하려는 의도도 깔려 있었습니

- 엘리자베스 2세의 대관식(1953)

다. 서인도제도, 인도, 파키스탄을 비롯해 아프리카의 여러 나라에
서 이민자가 대량으로 몰려들었습니다. 오랜 이민 정책에 따라 영
국 사회의 민족적 다양성이 두드러졌습니다. 영국의 다문화주의는
억지로 동화同化하도록 강제하지 않는데, 여기에는 관용이라는 측
면과 더불어 무관심과 인종차별이라는 측면도 있습니다. 이와 관련
해 다양한 인종 문제의 해결을 위한 기관도 설치했습니다.

전후 몇 년 동안은 배급제를 계속할 수밖에 없을 만큼 물자가 부
족했지만, 점차 경제 상황이 제자리를 찾아가면서 임금도 오르고
생활도 윤택해졌습니다. 영국이 새롭게 발전하는 단초를 연 인물이

1953년 6월 2일 대관식을 치른 **엘리자베스 2세**(재위 1952~)입니다.

전후 1951년부터 1964년까지 보수당 정권이 이어졌습니다. 그 다음 총선거에서 노동당이 승리했고 해럴드 윌슨Harold Wilson이 수상 자리에 올라 1970년까지(그리고 1974년부터 1976년까지) 소임을 다했습니다.

제2차 세계대전 이후 대영제국은 조금씩 해체의 길을 걸었습니다. 각국이 완전한 헌정의 평등에 기초해 자유의사에 따른 상호협력으로 이루어지는 공동체, 즉 영국연방이 들어섰습니다. 제2차 세계대전이 일어나기 이전인 1931년에 이미 웨스트민스터헌장을 통해 캐나다와 오스트레일리아, 뉴질랜드 등이 영국과 연합체를 이루었습니다. 당초에는 영국연방 내 백인 자치령이 대상이었습니다. 하지만 영국은 전후 대영제국에서 독립한 식민지 국가들과 가족적인 관계를 유지하고자 영국연방을 확대했습니다. 1947년 최초로 인도와 파키스탄, 그리고 1950~1960년대에는 아시아 지역의 나라와 아프리카, 카리브해 식민지가 독립해 영국연방의 우산 아래 들어옵니다.

영국연방을 묶어 주는 것은 일찍이 대영제국에 속했던 역사와 영국 국왕을 향한 충성심으로 통합되어 있었다는 사실뿐이고, EU(유럽연합)나 NATO(북대서양조약기구)처럼 계약이나 조약으로 엮여 있지는 않습니다. 이른바 이 공식적인 유대를 보증하는 것은 영국 왕뿐입니다. 황제를 섬기는 하나의 제국이 아니라서 체제는 각각 다르더라도 별개의 복수 국가가 국왕이라는 인격 아래 결합한 것입니다.

2017년 1월 현재 영국연방의 회원국은 53개이고, 그중 16개국은 여왕이 통치하는 군주국, 6개국은 독자적인 국왕을 섬기는 군주국, 나머지 31개국은 공화국입니다. 현재 영국연방은 세계 인구의 약 30퍼센트(18억 명), 세계 육지 면적의 약 25퍼센트를 점하고 있습니다.

영국연방의 현재 수장인 엘리자베스 여왕은 영국연방의 열렬한 옹호자이기도 합니다. 영국연방 수뇌부는 2년에 한 번 회의를 개최해 각국이 어떻게 최선을 다해 협력할지 이야기를 나눕니다만, 그 결정에 강제력은 없습니다.

단순히 대영제국에 대한 향수일 뿐이고 허영에 지나지 않는다고 비판할 수도 있겠지요. 또 옛날 대영제국에서 영국 내 귀족이 압도적인 리더십을 반영해 위신을 떨치던 것에 비하면, 인종과 종교가 다양한 나라들이 개발도상국이든 선진국이든 대등한 입장으로 모여 있는 영국연방은 평범해 보입니다. 그런데도 경애하는 국왕 한 사람을 매개로 이루어진 이 통합에는 국가 간 화합을 유지하는 힘이 있는 듯합니다.

복지국가의 행방

영국은 '요람에서 무덤까지'를 자랑하는 세계 제일의 복지국가로 알려져 있습니다. 처음에 영국에서는 약자 구제를 민간의 자발적인 봉사에 맡겼습니다. 왕족의 자선사업 역시 개인적인 것으로 볼 수도 있겠지요. 19세기에 들어와서도 국가가 제도적으로 지원하는 부분은 최소한에 머물렀습니다.

20세기부터는 국가가 전면에 나섭니다. 우선 1908년부터 노령연금법을, 나아가 국민보험법을 1911년부터 시행하기 시작합니다. 1905년에 설치한 '왕립구빈법위원회'의 추천을 통해 새로운 공적 원조, 건강 및 복지 서비스 등도 직간접적으로 이루어지고 있습니다. 당초에는 공적 복지와 민간 복지의 구별이 모호했는데, 양자가 명확하게 나뉘어 복지국가의 모습을 띤 것은 제2차 세계대전 이후였습니다.

이러한 변화는 1945년 총선거에서 클레멘트 애틀리Clement Attlee가 이끄는 노동당이 승리하면서 시작되었습니다. 애틀리는 1951년까지 수상을 역임하며 사회복지 제도를 도입하는 한편으로 석탄, 가스, 전기, 운수, 그리고 잉글랜드 은행을 국유화했습니다. 1946년에는 국민보험법과 국민보건서비스법을 통과시켜 본격적으로 나라가 책임을 지는 사회복지 정책을 펼칩니다. 이리하여 누구라도 실업수당, 질병수당, 노령연금, 미망인연금을 받을 자격을 얻었습니다.

이는 경제학자 윌리엄 베버리지William Beveridge가 제2차 세계대전 중에 제출한 「베버리지 보고서」(1942)에 담긴 아이디어입니다. 베버리지는 온 국민에게 무료 보건서비스와 가족수당을 지급함으로써 빈곤과 불평등을 없애는 이상적인 사회보험 및 관련 서비스

계획을 고안했습니다. 이로써 전쟁 중에 '복지국가'Welfare State라는 말이 퍼지기 시작했습니다.

1966년의 국제수지 악화와 통화 파운드의 위기, 이듬해 화폐 평가절하로 인해 노동당 정권은 국가 차원의 계획을 포기할 수밖에 없었습니다. 모든 정당의 정치가들이 더 나은 사회복지 서비스를 위해서는 경제성장이 필수적이라고 주장했지요. 1973년 유류 파동 이후 세계 경제가 한층 더 혼란스러워지고 성장이 제자리걸음을 하자 전처럼 복지 정책을 펼칠 수 없었습니다.

이리하여 '모두에게 공평하게 병원 진찰과 치료 서비스를 무료로 제공하고 입원비를 무상 지원하며, 탁아소 및 공립학교(학비 및 교과서)를 거의 무상화하고 1인당 아동수당과 충분한 실업수당을 지급하는' 꿈같은 사회복지를 지속하지 못하게 되었습니다. 외국인을 제외하거나 치과 진료비를 유료화하는 등 어쩔 수 없는 후퇴의 길로 접어들었지요. 베버리지의 보편주의는 1970년대 말까지 빛 좋은 개살구 취급을 받았고, 1980년대에는 다시 민영화를 추진해 지방자치체의 책임을 경감해 나갔습니다.

그렇지만 영국이 복지 선진국이라는 사실에는 변함이 없습니다. 영국은 '의료는 누구에게나 무료'라는 이상을 줄곧 추구해 왔지요. 1948년에는 보건부 장관 어나이린 베번Aneurin Bevan이 NHS, 즉 무상 '국민보건서비스'National Health Service 제도를 도입했습니다. 이 이름은 지금도 여러 매체와 사람들의 일상 대화에 곧잘 등장합니다.

이 제도로 국민 모두에게 담당 의사가 생겼고, 주치의의 진단을 거쳐 상위 병원으로 보내지는 강력한 중앙집권형 의료 체계가 완성되었습니다. 많은 분야에서 민영화를 추진한 마거릿 대처Margaret Thatcher 정권에서도 NHS에는 감히 손댈 수 없었다고 합니다. 영국인에게 이 제도는 국가의 긍지이자 연대의 징표, 문명의 상징이기 때문입니다.

최근에는 '모두가 힘을 보태 국민이 최소한의 존엄성을 지킬 수 있는 생활을 보장하자'는 연대의 이상도 변질되는 듯합니다. 부자의 세금 탈루보다 빈민 수당의 부당 지급에 더 크게 분개하는 사람이 꽤 많고, 실업수당이나 질병수당을 받는 사람, 장애가 있는 사람을 냉정하게 보는 시선도 많다고 합니다. 어디서나 마찬가지겠지만, 이처럼 왜곡된 심리가 만연하는 까닭은 빈부 격차가 점점 더 심해지기 때문일 것입니다.

철의 여인과 새로운 영국

이러한 부익부 빈익빈과 빈민 차별 풍조는 1980년대의 대처 정권에서 결정적으로 드러났습니다. 1979년에 영국 최초의 여성 수상이 된 마거릿 대처는 1990년까지 영국 정치를 이끌었습니다.

대처가 수상에 취임하기 직전 영국 사회는 산업이 쇠약해지고 실업자가 증가했습니다. 1975년 봄까지 실업자가 100만 명에 육박했는데, 이는 노동인구의 5퍼센트를 웃도는 수치였습니다. 한편,

1978년에 정부는 인플레이션을 억제하기 위해 임금 인상을 5퍼센트 이내로 제한하도록 노동조합을 설득했지만 실패했고, 영국 전체가 파업으로 몸살을 앓았습니다. 노동당 정권은 인기를 잃었고, 결국 1979년 총선거에서 보수당이 승리해 마거릿 대처가 수상이 되었습니다.

대처 수상은 신자유주의 또는 신보수주의 정책을 채용하고 규제 완화와 더불어 수도, 전기, 가스, 철도, 항공, 통신의 민영화를 통해 영국 경제를 재건하고자 했습니다. 하지만 1980년부터 1982년까지 심각한 경기 침체로 실업이 급증하자 정부는 비판에 직면했습니다. 마침 1982년 4월부터 6월 사이에 포클랜드제도를 둘러싼 분쟁이 일어났고, 아르헨티나에 승리를 거두면서 대처의 인기가 올라갔습니다. 그 후 경기가 회복함에 따라 실업과 인플레이션도 억제되었습니다. 1984년부터 이듬해까지 잇따라 발생한 탄광 파업 등 노동조합과의 최종 결전에서도 정부는 가까스로 위기를 넘겼습니다.

대처 정권 후반기에 모든 재정 서비스를 자유화하면서 동업조합의 보호는 사라지고 영국은 경쟁 사회로 돌입했습니다. 처음에는 은행 대부분이 국제 경쟁에 휘말려 고전했지만, 그 덕분에 20년 뒤 런던시티는 미국의 월가와 나란히 금융의 중심지로 부상할 수 있었습니다.

대처는 사회적 유동성을 더욱 확대하려고 했고, 국민을 향해 "누구든 노력하고 능력만 있으면 부자가 될 수 있다"고 외쳤습니다. 실제로 벼락부자도 늘어났습니다. 그러나 빈부 격차는 점점 더 벌어졌습니다. 그녀는 생활보호 비용과 교육 예산을 삭감하고, 원활한 금융과 비즈니스를 통해 산업을 부흥하는 것이야말로 국가의 힘을 키우는 길이라고 믿었던 모양입니다. 이리하여 오래되고 훌륭한 영국인의 도덕의식은 자취를 감추었습니다. '철의 여인'이라고 불리던 대처의 개혁을 거쳤지만, 영국인의 90퍼센트 가까이는 오늘날에도 영국에 계급제도가 존재한다고 생각합니다. 또 최근에는 재력에 따른 계급이라는 말도 나오는 만큼 노블레스 오블리주(의무를 동반한 귀족의 품성) 의식은 사라지고 있는 듯합니다. 더구나 소득 격차가 더욱 커지면서 극빈자들도 늘어났습니다.

1990년 대처가 사임한 후에 존 메이저John Major 수상이 정권을 맡았습니다. 그는 '계급 없는 사회'a genuinely classless society를 외치며 보통 사람들이 서로 더 나은 사람이 되자고 호소했지만 별 호응을 얻지 못했습니다. 1997년에는 결국 노동당이 승리해 44세의 토니 블레어가 젊은 수상으로 취임합니다. 그는 '새로운 영국'New Britain을 위해 지방 분권, 유럽 통합, 상원 개혁을 내걸었습니다. 그리고 상원의 다수를 점하던 세습귀족 의원을 제한하고 최고재판소를 상원에서 분리하는 등 영국의 낡은 통치 제도를 개혁하는 데 착수했습니다.

그는 국내외적으로 영국을 자신감 넘치는 다인종 다문화 국가로 표방하고자 했습니다. 말주변이 시원시원하고 실행력도 있는 블레어 수상은 높은 지지율을 얻었습니다. 하지만 아프가니스탄 분쟁 및 이라크 전쟁 파병(대테러 전쟁)을 추진하면서 지지율이 하락했습니다. 전통을 갈아엎는 블레어의 개혁 정신은 보수적인 영국 왕실과 불화를 빚었고, 그가 엘리자베스 여왕과 대립하는 장면도 몇 번이나 눈에 띄었습니다.

열린 왕실을 향해

앞에서도 이야기했지만, 20세기 이후로 영국 왕실은 대중에게 어떻게 보이느냐에 민감했고, 여론을 무시하면서 권위를 유지하기는 어려워졌습니다. 왕실은 옛날처럼 귀족계급의 지지만 받아서 유지할 수 없습니다. 국민 앞에 모습을 드러내고 왕실의 생각을 국민에게 이해받아야 하지요. 이에 따라 기회를 포착해 국민과 친밀하게 대화를 나누거나 소탈하게 런던 시내를 산책하는 왕이 등장하기에 이르렀습니다.

오랜 치세를 자랑하는 엘리자베스 2세도 여론에는 대단히 민감합니다. 1953년에 거행한 그녀의 대관식은 기름을 바르는 의식 외에는 모두 텔레비전으로 중계했습니다. 그녀는 행사에 참석해 위엄과 친근감을 내보일 수 있도록 언동에 세심한 주의를 기울이고 있습니다. 1969년에는 BBC 카메라가 여왕과 그 가족이 지내는 버킹엄궁전과 스코틀랜드 피서지까지 찾아갔습니다. 두 달 이상 취재한 왕가의 단란한 생활상이 영국 가정의 안방까지 전해졌습니다.

2012년에는 런던 올림픽 개회식 영상에 자진 출연해 '007과 함께 헬리콥터에서 낙하산을 타고 내려오는' 모습을 연출하기도 했습니다. 여왕은 퍼브를 방문해 맥주를 마시는 모습을 국민들에게 보여 주기도 하고 맥도널드를 찾기도 하며 지방 순회에도 적극적으로 나서고 있습니다.

찰스 왕태자는 더욱 싹싹하게 행동합니다. 2012년 BBC 개국 60주년을 기념해 기상 캐스터로 깜짝 출연한 왕태자는 전문가도 무색할 만큼 능숙한 진행으로 국민을 기쁘게 해 주었습니다. 그는 공장 노동자나 여성 경찰과 함께 식사하며 가볍게 이야기를 나누는 서민 행보를 보여 주기도 합니다. 지방의 각종 기념행사에도 적극적으로 참석해 서민의 이야기에 친근하게 귀를 기울입니다. 특히 대도시 슬럼가에도 들어가 가난한 노동자들과 공감을 나누는 왕태자의 모습은 현대의 '복지 왕정'을 상징하는 듯합니다.

왕실 관계자들이 '국민을 향해 열린 왕실'을 만들기 위해 더욱 성심을 다하는 계기가 된 것은 맨 처음에 언급한 다이애나 왕태자비의 비극적인 죽음입니다. 다이애나는 지뢰 제거, 아동 복지 등 자선사업에 아주 열심이었습니다. 그녀가 HIV(에이즈) 환자와 악수하는 사진이 공개되면서 '닿기만 해도 옮는' 병으로 오해받던 HIV에 대한 의식이 크게 바뀌었습니다. 찰스 왕태자와 이혼한 뒤에도 다이애나에 대한 국민의 애정은 절대적이었습니다.

이를 통해 왕실이 존속하기 위해서는 국민의 지지가 필요하고, 국민의 지지를 얻기 위해서는 왕실이 변해야 한다는 것을 절실히 깨달았던 것입니다. '국민에게 다가가는 왕실'을 보여 주고 왕실의 메시지를 전달하기 위해 최근에는 소셜미디어도 적극적으로 활용하고 있습니다. 영국 왕실은 홈페이지, 페이스북 계정, 공식 유튜브 채널까지 만들었습니다.

그러나 열린 왕실을 유지하려다 보면, 한편으로 타인의 사생활을 들여다보고 이러쿵저러쿵 얘기하기를 좋아하는 대중과 그들을 부추기는 탐욕스러운 대중잡지, 신문, 파파라치의 먹잇감으로 전락해 버리기도 합니다. 대중과 매스컴의 호기심이 남녀관계는 말할 것도 없고, 내밀한 가정생활이나 건강과 관련한 문제까지 폭로해 버리곤 합니다.

오늘날 영국의 왕과 왕족은 가정적이고 평범한 사람임을 드러내는 한편, 어느 정도 귀족적인 면모와 신비로움도 갖춰야 하는 꽤 곤혹스러운 처지에 놓여 있습니다.

스코틀랜드 독립 운동과 EU 탈퇴

많은 사람들이 왕실뿐 아니라 영국 자체도 상당히 변하고 있다고 느낄 것입니다. 제2차 세계대전이 끝나고 대영제국은 사라졌습니다. 영국의 국력을 살펴보면, 경제력은 독일에 이어 프랑스와 비슷하고(5위) 인구는 세계에서 21번째로 많습니다. 물론 선진국이기는 해도 중간 규모의 나라라고 말할 수 있을 것입니다. 나아가 '그레이트브리튼및북아일랜드연합왕국'이라는 통일성조차도 위기에 처해 있습니다.

1997년 토니 블레어의 노동당 내각이 스코틀랜드와 웨일스에서 지방 분권에 대한 주민 투표를 시행했는데 둘 다 찬성표가 많았습니다. 이에 세금과 법률을 정하는 스코틀랜드 의회가 1999년 에든버러의 스코틀랜드 교회 대회당에서 부활했고, 웨일스도 국민의회를 개설했습니다. 북아일랜드에서도 1998년 벨파스트 협정에 의해 의회를 재건했습니다. 웨일스는 1536년, 스코틀랜드는 1707년에 잉글랜드에 합병되면서 의회도 통합되었기 때문에 그것에 반대하는 움직임과 원심력이 작용한 것입니다.

2014년 9월 스코틀랜드 독립을 두고 국민투표가 실시되었습니다. 이 투표로 3세기 이상 지속된 영국연방의 모습이 엄청나게 변할 가능성이 있었습니다만, 찬성 44.7퍼센트, 반대 55.3퍼센트로 부결되어 독립은 이루어지지 않았습니다. 그래도 독립을 바라는 불씨는 꺼지지 않았습니다.

또 하나 커다란 문제는 영국과 EU의 관계입니다. 영국은 1973년에 EU의 전신인 EC(유럽공동체)에 가맹했고, 1975년에 EEC(유럽경제공동체) 잔류 여부를 두고 실시한 국민투표에서 67퍼센트의 찬성표를 얻었습니다.

그러나 이것은 진심으로 유럽 대륙과 하나가 되고 싶은 마음이라기보다 경제적 이익을 우선시하는 공리주의적 선택이었습니다. 대처 수상이 "나는 내 돈을 돌려받고 싶다"*고 한 것이 그 징표입니

---

*   1984년 프랑스 퐁텐블로에서 열린 EU 정상회담에서 당시 수상이었던 마거릿 대처가 책상을 치며 "I want my money back"이라고 강력하게 주장했다. 이로써 영국은 유럽연합에 지불한 분담금 3분의 2를 각종 지원금으로 다시 회수했다.

다. 영국은 EU의 단일 화폐인 유로를 사용하지 않았습니다. 영국 통화인 파운드는 영국이라는 나라의 정체성을 나타냅니다. 많은 사람들이 여왕 폐하의 모습이 없는 지폐를 '돈'으로 여기지 않았던 것입니다.

경기 침체가 지속되고 실업이 증가하거나 여타 사회문제가 일어나면 언론은 앞다퉈 이를 EU 탓으로 돌렸고, 대중은 그러한 지적에 공감하는 경향이 있었습니다. 이는 오랫동안 영국이 유럽(대륙)과 거리를 두고 하나가 되고 싶어 하지 않았기 때문일 것입니다. 19세기 중반에 파머스턴 수상은 이렇게 말했다고 합니다. "우리에게는 영원한 동지도 영원한 적도 없다. 우리의 이익만이 영원하고 항구적이며, 그것을 추구하는 것이 우리의 의무다." 입 밖으로 내서 말하든 그러지 않든 대부분의 영국 정치가들은 아마도 이렇게 생각할 것입니다.

영국 경제가 발전하기 위해서는 열린 경제의 실현, 다시 말해 외국인과 외국 기업을 적극적으로 받아들이는 수밖에 없습니다. 애초부터 이민에 관용적이던 영국은 특히 제2차 세계대전 이후에 구식민지를 비롯한 넓은 지역에서 이민자를 받아들였습니다. 영국인이란 인종이나 민족이 아니라 '왕관 아래 모인 사람'이었습니다.

최근에는 실업과 빈곤 문제를 EU 안의 이민 탓으로 돌리는 논리가 횡행하고 있습니다. 2016년 6월 국민투표에서는 EU 탈퇴파가 근소하게 승리를 거두었습니다. 앞으로 영국과 유럽(EU)의 관계가 어떻게 전개될지 성급하게 예단할 수는 없지만, 쉽사리 장밋빛 미래를 점칠 수는 없을 듯합니다.

2016년 국민투표를 시행하기 몇 주 전 만찬회에서 엘리자베스 여왕이 "영국이 유럽의 일부가 되어야 할 이유를 세 가지만 말해 달라"고 했다는 얘기가 《텔레그래프》에 실렸고, 이에 여왕이 EU 탈퇴를 바라는 것은 아닐까 하는 추측이 나돌았습니다. 왕실은 이 보도에 대해 "여왕은 정치적으로 중립을 지키며 어느 쪽에도 가담하지 않는다"고 항의했다고 합니다. 이러한 소동도 EU 탈퇴와 같이 국운을 좌우하는 문제에 대해 여왕이 어떻게 생각하는지 국민이 알고 싶어 한다는 사실을 반영합니다.

영국의 정치제도와 왕의 역할

앵글로색슨 시대부터 오늘날까지 왕을 중심으로 영국 역사를 더듬어 보았습니다. 1,000년이 넘는 역사 속에서 영국 왕은 일관된 역할을 맡아 왔다고 생각합니다. 첫 번째로는 입헌군주제, 나아가 의회제 민주주의를 형성하는 한쪽 담당자(다른 한쪽은 의회)였다고 볼 수 있습니다. 이쯤에서 각 시대에 달성한 정치제도를 순서대로 훑어볼까요?

우선 앵글로색슨 시대에는 아직 의회다운 의회는 존재하지 않았지만, 지방 호족들로 구성된 위테나예모트에는 일찍이 왕권을 제한하는 기능이 있었습니다.

노르만 왕조부터 플랜태저넷 왕조까지는 배심제를 시작하는 동시에 지방마다 상이하던 법 관습을 통일해 나갔고, 판례주의와 관습법 정비가 이어졌습니다. 1215년의 '마그나카르타'와 13세기 후반~14세기의 의회에서는 왕이 법의 지배에 복종해야 한다고 정했고, 과세와 법률의 시행 및 폐지에 있어 의회 승인이 필요해지면서 대의제가 본격적인 시동을 걸었습니다.

튜더 왕조 시대, 특히 헨리 8세와 엘리자베스 1세 시대에 '종교개혁'이 일어나 영국은 로마 교황청으로부터 독립하고 왕을 수장으로 삼는 국교회를 성립했습니다. 의회와 왕권의 협력 관계가 강화되었고, 귀족 세력이 후퇴하면서 서민원이 귀족원을 뛰어넘는 입법 기능과 현안 해결 능력을 보유하기 시작했습니다.

스튜어트 왕조 시대는 왕권신수설을 신봉하며 전제군주가 되고자 했던 왕들이 혁명에 의해 역사의 뒤안길로 사라졌습니다. 마그나카르타의 정신을 계승하는 '권리청원'과 명예혁명 이후의 '권리선언'과 '권리장전'에 의해서 왕은 군사와 재정에 대해 온전하게 국회의 결정을 따라야 했으며 법률을 정지할 권리가 없기 때문에 내정을 의회에 맡겨야 했습니다. 이로써 "국왕은 군림하되 통치하지 않는다"는 입헌군주제의 전통이 확립되었습니다. 의회를 제도화하고 '의회 군주제'를 성립한 것입니다.

하노버 왕조 시대에는 정치를 대신에게 맡기기에 이르렀고, 본격적인 정당 정치가 출발하면서 의원내각제가 문을 열었습니다. 빅토리아 시대에는 왕의 정치권력이 축소되는 현상과 맞물려 사회적으로 군주의 도덕적인 힘이 강화되어 왕의 권위가 국민 통합의 상징으로 승격했습니다(도덕적 군주제). 영국의 '제국 군주제'가 영광으로 빛나는 제국을 확장하며 허식뿐인 위계질서를 식민지까지 이식해 가던 바로 그 시대에, 본국에서는 본격적으로 입헌군주제가 성립합니다.

최근까지 이어지는 윈저 왕조 시대에 들어오면, 초기의 조지 5세와 조지 6세가 노력한 덕분에 영국 민중의 이상적인 가정관을 반영한 '가족적 군주제'가 얼굴을 내밀기 시작합니다.

이렇듯 왕과 왕실은 역사 속에서 성격이 상당히 변해 왔습니다. 그 노력 덕분에 영국에서는 민주적인 입헌군주제가 나선계단을 올라가듯 착실하게 실현되었습니다. 1,000년 남짓한 기간에 걸쳐 국왕은 국내 정치는 물론 제국의 사업까지 제대로 통합해 냈고, 영국은 왕이 있어 정통성과 계속성을 확보할 수 있었습니다.

그렇게 완성된 영국의 입헌군주제는 전제정치가 아닌 것은 말할 것도 없고 보수주의도 아닙니다. 오히려 정치적 입장 차이에 따른 갈등을 극복하고 정통성을 확보하는 장치라고 해야 할 것입니다. 그렇기 때문에 영국 왕은 국민 전체를 대표하는 존재가 될 수 있었습니다.

19세기 정치학자이자 저널리스트인 월터 배젓Walter Bagehot은 이렇게 말합니다. "영국 같은 나라에는 의회와 내각, 정당정치처럼 정치적으로 기능하는 부분과 국왕과 관련해 위엄과 신성성을 지닌 부분, 이렇게 두 부분으로 이루어진 통치기구가 바람직하다. 또 군주제는 사람들의 감정에 널리 호소하기 때문에 강고한 반면, 공화제는 사람들의 이성에 호소하기 때문에 약하다." 이제까지 영국 역사를 살펴본 바로는 과연 그렇다는 생각이 듭니다.

영국 국민을 대표하는 왕

이렇게 해서 영국 왕은 오랜 역사 속에서 정치적이고 제도적으로 국민을 대표하는 존재였다는 사실을 알 수 있었습니다.

다른 한편으로 귀족계급 중 으뜸가는 존재인 영국 왕이 귀족의 가치관이나 행동 양식을 대표했다는 사실도 기억해 두어야 합니다. 왕이 영국 사회 전반에 걸친 습속이나 영국인의 심성의 본줄기를 이루었다는 사실을요. 이것은 특히 혁명을 겪은 뒤부터 19세기에 걸쳐 명확해졌고, 오늘날까지 '영국인'의 국민성을 형성하는 요소라고 볼 수 있습니다. 5장과 6장에서 얘기했으니 반복하지는 않겠지만, 영국인의 국민성도 세계화가 진전함에 따라 점점 옅어지고 있다는 생각이 듭니다.

엘리자베스 2세 시대에 들어와서는 사회가 세속화되고 종교가 다양해지면서 기존에 최고 지배자로서 왕정을 지지해 온 영국 국교회의 역할이 약해졌습니다. 그리고 식민지들이 연이어 독립하면서 유서 깊고 빛나는 대영제국의 권위도 상실했습니다. 엘리자베스 여왕은 더 이상 인도의 황제도 아니고 해외 영국령의 통치자도 아니며, 다만 영국연방의 수장일 따름입니다. 다시 말해 그녀는 영국과 인연을 맺은 다양한 정치체제의 국가들로 구성된 느슨한 협력체를 상징할 뿐입니다. 영국연방으로 인해 왕권이 강화되는 일은 아마 없을 것입니다. 따라서 의지하고 기댈 곳은 여론뿐입니다. 왕실은 신비성을 잃더라도 매체를 통해 자기 모습과 생각을 드러낼 수밖에 없습니다. 말하자면 '대중 군주제'가 되겠지요.

현재 찰스 왕태자의 행적을 보면, 다양한 방식으로 자선과 자애를 베푸는 일이 왕실의 가장 중요한 책무라는 생각이 두드러져 보입니다(복지 군주제). 이러한 사고방식 아래 왕실은 다양한 자선 및 복지 단체와 연대를 이루고, 사회에서 배제되어 고통에 처한 사람들(실업자, 장애인, 문화적 소수 집단 등)을 보살필 뿐 아니라 그들의 사회적 요구를 뚜렷이 알리고 있습니다.

정부나 엘리트 계급이 외면하고 무시하는, 정치적으로 대표성이 없는 사람들의 목소리를 귀담아들음으로써 왕태자는 왕실의 위엄을 높이고 있습니다. 본래 영국 왕은 국교회의 수장이자 신앙의 옹호자인데, 찰스는 시대의 변화에 따라 모든 종파와 종교의 옹호자가 되고 싶다는 의지를 표명함으로써 주목받고 있습니다.

찰스 왕태자는 자연환경 보호에 앞장서는 유기농업의 제창자로도 알려져 있습니다. 1989년에 그는 앞으로 자신의 영지에서 유기농업을 추진하겠다고 선언한 바 있습니다. 스스로 생태계 보호와 유기농업을 실천하기 위해 그는 오랜 시간을 들여 자신의 더치 duchy(공작의 영토)에 속하는 하이그로브 농장을 전부 유기농 농장으로 바꾸었습니다. 이곳에서 가꾸는 작물로 만드는 자연 친화적이고 품질 좋은 유기농 생활용품 브랜드가 '더치 오리지널'입니다. '더치

오리지널'이 오늘날 영국을 대표하는 브랜드로 성장하면서 찰스 왕 태자는 이른바 '에콜로지 군주제'의 기수가 되었습니다.

현대 영국의 정치학자 버넌 보그다너Vernon Bogdanor는 이렇게 말합니다. "군주제는 언제라도 사회적 기반에 의존하지 않으면 존립할 수 없다. 따라서 사회에 적응해 모습과 입장을 바꿔 가면서 나라와 국민을 통합해야 한다. 결국 군주제는 본질적으로 상상력의 제도다."

EU 탈퇴를 결정한 오늘날의 영국에는 과연 이전과 비할 바 없는 풍요로운 상상력이 필요하지 않을까요?

나오는 말

영국사를 내 나름대로 살펴보고 싶다는 생각이 든 것은 아주 최근의 일입니다. 대학원을 다니던 시절의 은사 한 분은 "영국이라는 나라는 유럽이 아니야. 영국사 연구자들이 좀 더 재미있게 연구해 주지 않으면 공부할 마음이 들지 않을걸." 하고 말씀하셨지요. 당시이 두 마디는 매우 인상 깊었고 꽤 그럴듯하게 들렸습니다. 이에 지금껏 영국이 아닌 프랑스와 독일을 중심으로 중세 유럽의 문화와 사회를 연구했고, 나아가 이탈리아까지 손길을 뻗쳤습니다.

최근 들어 노먼 데이비스Norman Davies의 『디 아일스―섬의 역사』*The Isles: A History*(맥밀런, 1999) 같은 대작이나 획기적인 통사 『브리튼제도의 역사』*The Short Oxford History of the British Isles*(전 11권, 옥스퍼드대학출판부, 2001~2003) 시리즈의 번역본이 출간되면서 영국사를 보는 시야가 한 단계 훌쩍 뛰어올랐습니다. 게다가 개인적으로 BBC에서 방영하는 훌륭한 드라마들에 푹 빠져 영국과 영국사에 무척 흥미가 생겼습니다. 그래서 영국사 공부를 시작했더니 '재미있는 연구'도 엄청나게 많다는 것을 알았습니다.

예전부터 일본에는 영국사 연구자가 많고 연구 업적도 아주 풍부하기 때문에 당연히 우수한 성과도 많습니다. 다만 '영국은 유럽이 아니'라는 오랜 선입견은 영국인 자신이 줄곧 그렇게 생각해 온 (생각하고 싶은) 것임이 분명해진 만큼, 젊은 날 인상에 박힌 그 말을 뒤집을 단계는 아닙니다.

왕으로 영국사를 더듬어 보자는 착상이 떠오르기는 했어도, 영국 왕실이나 국왕에 대해 서술한 역사서는 이미 많이 나와 있어 고민스러웠습니다. 남이 해 놓은 성과를 그대로 따라가는 일은 별 의미가 없겠지요. 저로서는 왕의 역사를 살피는 것이 무엇보다도 영국이라는 나라의 제도, 그리고 영국인의 심성을 밝히는 일이 될 수 있도록 지혜를 짜내려고 노력했습니다.

이 책을 집필하는 데 참조한 선행 연구 가운데 특히 주요한 문헌을 뒤쪽에 제시해 둡니다.

이와나미 출판사 편집부의 시오타 하루카 씨는 『숲에서 만나는 울울창창 독일 역사』와 마찬가지로 문장 표현과 사진 배치, 자수 조정 등 편집에 관한 세세한 기술적 도움을 주었습니다. 또 게이오기주쿠대학 문학부 준교수인 아카에 유이치 씨는 완성된 원고를 읽고 전문가의 입장에서 사실 관계나 부적절한 대목을 지적해 주었습니다. 두 사람의 도움이 있었기에 이 책은 무사히 세상에 나올 수 있었습니다. 이 자리를 빌려 감사드립니다.

영국의 왕들은 천 몇백 년에 걸친 시대의 변화에 따라 성격을 바꾸면서 영국과 영국인을 대표해 왔습니다. 왕실 폐지를 예언하는 사람도 있는데, 만약 왕실이 사라져 버리면 세계인이 동경하는 영국(인)의 장점과 미덕이 흩어져 버릴 것 같아 걱정스럽습니다.

이 책을 완성한 지금, 저는 비딱한 태도와 냉소적인 시선으로—마치 프랑스인처럼—영국의 역사를 바라보기 시작한 처음과는 완전히 달라졌습니다. 식사 따위는 연료일 뿐이라고 여기고 "Home! Sweet Home!"을 흥얼거리는 영국인의 마음에 훌쩍 다가선 듯합니다. 참으로 놀라운 일입니다. 힘내라, 영국이여!

2017년 1월

이케가미 슌이치

Bogdanor, Vernon. 小室輝久・笹川隆太郎訳.『英国の立憲君主政』. 木鐸社, 2003.

(Bogdanor, Vernon. *The Monarchy and the Constitution*. Oxford University Press, 1995.)

Cannadine, David. 平田雅博・細川道久訳.『虚飾の帝国―オリエンタリズムからオーナメンタリズムへ』. 日本経済評論社, 2004.

(Cannadine, David. *Ornamentalism: How the British Saw Their Empire*. Penguin Press, 2001.)

Colley, Linda. 川北稔訳.『イギリス国民の誕生』. 名古屋大学出版会, 2000.

(Colley, Linda. *Britons: Forging the Nation 1707-1837*. Yale University Press, 1992.)

Macfarlane, Alan., Macfarlane, Iris. 鈴木実佳訳.『茶の帝国―アッサムと日本から?史の謎を解く』. 知泉書館, 2007.

(Macfarlane, Alan., Macfarlane, Iris. *Green Gold: The Empire of Tea*. Ebury Press, 2003.)

Ritvo, Harriet. 三好みゆき訳.『階級としての動物―ヴィクトリア時代の英国人と動物たち』. 国文社, 2001.

(Ritvo, Harriet. *The Animal Estate: The English and Other Creatures in the Victorian Age*. Harvard University Press, 1987.)

Thomas, Keith. 川北稔訳.『生き甲斐の社会史―近世イギリス人の心性』. 昭和堂, 2012.

(Thomas, Keith. *The Ends of Life: Roads to Fulfilment in Early Modern England*. Oxford University Press, 2009.)

Worsley, Lucy. 中島俊郎訳.『イギリス風殺人事件の愉しみ方』, エヌティティ出版, 2015.

(Worsley, Lucy. *A Very British Murder: The Story of a Nation Obsession*. BBC Books, 2013.)

金澤周作.『チャリティとイギリス近代』. 京都大学学術出版会, 2008.

小林章夫. 齊藤貴子.『諷刺画で読む十八世紀イギリス-ホガースとその時代』. 朝日新聞出版, 2011.

君塚直隆.『物語イギリスの歴史』(上, 下). 中央公論新社, 2015.

櫻井正一郎.『女王陛下は海賊だった一私掠で戦ったイギリス』. ミネルヴァ書房, 2012.

白幡洋三郎.『プラントハンター──ヨーロッパの植物熱と日本』. 講談社, 1994.

上野美子.『ロビン・フッド物語』. 岩波書店, 1998.

井野瀬久美恵.『女たちの大英帝国』. 講談社, 1998.

平田雅博.『英語の帝国一ある島国の言語の1500年史』. 講談社, 2016.

영국 왕실의 가계도

노르만 왕조

윌리엄 1세 정복왕
[1066~1087]

윌리엄 2세 루푸스
[1087~1100]

헨리 1세
[1100~1135]

아델라

[앙주 백작] 조프루아 ─── 마틸다

스티븐
[1135~1154]

플랜태저넷 왕조

헨리 2세 ─── 알리에노르
[1154~1189]

리처드 1세 사자심왕
[1189~1199]

존 결지왕
[1199~1216]

헨리 3세
[1216~1272]

[프랑스 왕] 필리프 4세

에드워드 1세
[1272~1307]

이자벨 ─── 에드워드 2세
[1307~1327]

에드워드 3세
[1327~1377]

에드워드 흑태자

[랭커스터 공작] 곤트의 존

[요크 공작] 에드먼드

랭커스터 왕조

리처드 2세
[1377~1399]

헨리 4세
[1399~1413]

리처드

헨리 5세
[1413~1422]

리처드

요크 왕조

헨리 6세
[1422~1461, 1470~1471]

에드워드 4세
[1461~1470, 1471~1483]

리처드 3세
[1483~1485]

에드워드

에드워드 5세
[1483]

요크의 엘리자베스 ─── 헨리 7세
[1485~1509]

튜더 왕조

아라곤의 캐서린 ─ 앤 불린 ─── 헨리 8세 ─── 제인 시모어
[1509~1547]

마거릿 튜더

메리 1세
[1553~1558]

엘리자베스 1세
[1558~1603]

에드워드 6세
[1547~1553]

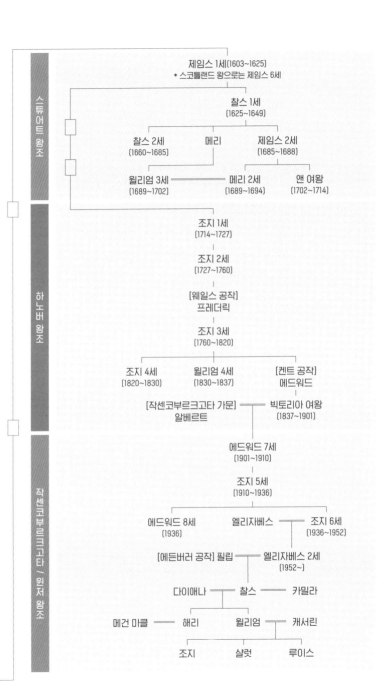

스튜어트 왕조

하노버 왕조

작센코부르크고타 / 윈저 왕조

제임스 1세[1603~1625]
* 스코틀랜드 왕으로는 제임스 6세

찰스 1세
[1625~1649]

찰스 2세   메리   제임스 2세
[1660~1685]   [1685~1688]

윌리엄 3세 ——————— 메리 2세   앤 여왕
[1689~1702]   [1689~1694]   [1702~1714]

조지 1세
[1714~1727]

조지 2세
[1727~1760]

[웨일스 공작]
프레더릭

조지 3세
[1760~1820]

조지 4세   윌리엄 4세   [켄트 공작]
[1820~1830]   [1830~1837]   에드워드

[작센코부르크고타 가문] ——————— 빅토리아 여왕
알베르트   [1837~1901]

에드워드 7세
[1901~1910]

조지 5세
[1910~1936]

에드워드 8세   엘리자베스 ——— 조지 6세
[1936]   [1936~1952]

[에든버러 공작] 필립 ——— 엘리자베스 2세
                          [1952~]

다이애나 ——— 찰스 ——— 카밀라

메건 마클 ——— 해리   윌리엄 ——— 캐서린

조지   샬럿   루이스

영국 연대표

BC 7~1세기경	켈트인이 브리튼제도로 들어와 부족 단위로 정착

로마 시대(BC 55~410)

BC 55/54	카이사르가 브리타니아 침공
43	클라우디우스 황제의 침공으로 로마의 속주가 됨
122~132	하드리아누스 황제가 뉴캐슬어폰타인에서부터 보니스온솔웨이까지 방벽 건설
410	브리타니아에서 로마군 철수

앵글로색슨 왕조(410~1066)

5~6세기	앵글족, 색슨족 등 브리타니아 침공
597	아우구스티누스와 로마 전도단 포교 개시
6~7세기	칠왕국의 패권 싸움
642~670	노섬브리아왕국의 오스위 왕이 주도권 차지
757~796	머시아왕국의 오파 왕이 주도권 차지
8~9세기	데인인(바이킹) 침공
886	알프레드 대왕과 데인 왕 구스럼의 협정으로 데인로 형성
1015~1016	크누트 왕이 잉글랜드로 쳐내려와 즉위(~1035)

노르만 왕조(1066~1154)

1066	노르망디 공 기욤 2세, 헤이스팅스 전투에서 해럴드를 무찌르고 윌리엄 1세로 즉위(노르만 정복)

플랜태저넷 왕조(1154~1399)	
1154	헨리 2세 즉위
1171~1172	헨리 2세가 아일랜드 정복
1215	존 왕이 '마그나카르타'에 조인
1258	시몽 드 몽포르 등 '옥스퍼드 조례'로 개혁 요구
1276~1277	에드워드 1세가 '왕의 손길'로 병자 치유
1296~1328	스코틀랜드 제1차 독립전쟁
1337~1453	백년전쟁
1348~1350	페스트 창궐
1381	와트 타일러의 난
랭커스터/요크 왕조(1399~1485)	
1455~1485	장미전쟁
튜더 왕조(1485~1603)	
1487	성실법정 설치
1534	헨리 8세가 '수장령'을 공포함으로써 잉글랜드 국교회 성립
1558~1603	엘리자베스 르네상스
1559	'수장령'과 '예배 통일령' 정비
1587	스코틀랜드 여왕 메리 처형
1588	프랜시스 드레이크가 스페인 무적함대 격파
1592~1611	극작가 셰익스피어 활약
1600	동인도회사 설립
1601	'엘리자베스 구빈법' 제정

스튜어트 왕조(1603~1714)	
1628	의회의 '권리청원' 제출
1640	단기 의회에 이어 장기 의회(~1653) 소집, 청교도혁명(~1660)
1649	찰스 1세 처형 후 공화제 수립
1651	항해조례 성립
1653	크롬웰 호국경으로 취임
1660	왕정복고로 찰스 2세 즉위
1666	런던 대화재로 시가지의 80퍼센트 소실
1673	'심사령' 발포
1688~1689	명예혁명으로 윌리엄 3세와 메리 2세가 즉위하고, '권리선언'을 토대로 '권리장전' 공포
1689~1815	영국과 프랑스의 식민지 전쟁 발발(제2차 백년전쟁)
1707	스코틀랜드 합병
하노버 왕조(1714~1901)	
1720	남해 포말 사건 발생
1721~1742	초대 수상으로 월폴 취임하고 의원내각제 발달
1760~1820	조지 3세 치하 '복지 군주제'의 윤곽이 잡힘
1733~1830년대	프라잉 셔틀 등 기계 발명과 개량이 줄을 이으며 산업혁명
1776	미국 13개 주 독립
1800	'연합법' 제정으로 이듬해 '그레이트브리튼및아일랜드연합왕국' 성립
1811	러다이트 운동 절정기

1815	웰링턴이 워털루 전쟁에서 나폴레옹 군 격파, 곡물법 제정(~1846)
1825	세계 최초로 증기기관차용 철도 개통(스톡턴─달링턴 구간)
1829	'가톨릭 해방령' 통과
1832	제1차 선거법 개정
1833	'공장법' 제정
1837	빅토리아 여왕의 즉위와 대영제국의 번영
1838	'인민헌장' 제출 후 20여 년간 차티스트 운동 진행
1851	런던 만국박람회 개최
1857	인도에서 세포이 반란 발생(이듬해 직할령화)
1867	제2차 선거법 개정
1871	'노동조합법' 성립
1877	빅토리아 여왕 '인도 황제'로 추대
1899	제2차 보어전쟁(~1902) 발발

작센코부르크고타 왕조(1901~1917)

1906	노동당 성립
1914	제1차 세계대전 발발(~1918)

윈저 왕조(1917~)

1922	아일랜드자유국(아일랜드의 전신) 성립
1931	웨스트민스터헌장(영국연방 탄생)
1932	조지 5세가 크리스마스 라디오 방송 시작
1939	제2차 세계대전 발발(~1945), 대영제국 해체
1942	「베버리지 보고서」를 통해 '복지국가' 구상 제시

1947	인도, 파키스탄 독립
1960년대	아프리카 식민지들 독립
1969	북아일랜드 폭동 빈발(북아일랜드 분쟁)
1973	영국이 EC에 가맹
1979	보수당의 대처가 영국 최초로 여성 수상에 취임(~1990)
1982	포클랜드제도 분쟁 발생
1993	마스트리흐트조약(EU조약) 비준
1997	노동당의 블레어 내각 탄생, 홍콩의 주권을 중국에 반환, 다이애나 왕태자비가 파리에서 교통사고로 사망
1999	북아일랜드 자치정부 발족, 웨일스와 스코틀랜드에서 지방의회 성립
2005	수렵 금지법(여우 사냥 금지법) 시행
2011	윌리엄 왕세손, 캐서린 미들턴과 결혼
2016	국민투표로 EU 탈퇴 결정